赋能新质生产力

助力深圳科创腾飞的税收实践

黄智文 著

深圳出版社

图书在版编目（CIP）数据

赋能新质生产力：助力深圳科创腾飞的税收实践 / 黄智文著. -- 深圳：深圳出版社, 2024. 9. -- ISBN 978-7-5507-4074-7

Ⅰ. F812.765.423

中国国家版本馆 CIP 数据核字第2024D7R444号

赋能新质生产力：助力深圳科创腾飞的税收实践

FUNENG XINZHI SHENGCHANLI : ZHULI SHENZHEN KECHUANG TENGFEI DE SHUISHOU SHIJIAN

出 品 人　聂雄前

责任编辑　邓　雅　曾　鑫　张　睿

责任校对　万妮霞

责任技编　陈洁霞

装帧设计　新触点

出版发行　深圳出版社

地　　址　深圳市彩田南路海天综合大厦（518033）

网　　址　www.htph.com.cn

订购电话　0755-83460239（邮购、团购）

排版制作　深圳市新触点文化传播有限公司

印　　刷　深圳市汇亿丰印刷科技有限公司

开　　本　787mm×1092mm　1/16

印　　张　16.5

字　　数　241千字

版　　次　2024年9月第1版

印　　次　2024年9月第1次

定　　价　86.00元

序一 |

嵌入式软件即征即退政策对中兴通讯、华为等集成电路企业的发展非常重要

　　作为一名曾在深圳ICT（信息与通信技术）产业工作近30年的人，读到智文的著作《赋能新质生产力：助力深圳科创腾飞的税收实践》感到非常亲切，也感到非常感动。亲切的是，书中一些重要的历史场景，我是亲历者。感动的是，此书既有严谨的学术论文，如已发表于《税务研究》等核心期刊的论文7篇，也有经济评论文章11篇，还有文笔优美、情怀满溢的税收文化散文10篇，可谓蔚为大观，令人感佩。

　　书中第一部分《税收优惠促进产业进步研究——基于深圳的实践》是一篇完整的、高质量的学术论文。文中从税收是促进竞争的政策视角，评析了学术界、舆论界广泛关注的张维迎和林毅夫关于"产业政策是否有效"的辩论，并以深圳的实践回答了税收优惠政策对深圳科创腾飞起到了重要的作用，给人耳目一新的感觉。

　　书中第二部分是7篇论文，特别是《软件产业和集成电路产业税收优惠政策：回顾与建议》，本人是该政策在企业实施的负责人，能够深刻体会到此政策对当时的中兴通讯、华为等企业的集成电路发展是多么重要。以中兴通讯为例，税收优惠政策甫一出台，中兴通讯就对销售合同进行了

格式调整（软件产品单独报价），并积极向客户宣讲国家的政策红利；但不幸的是，大多数电信厂商认为他们采购的是电信设备系统，对软件产品的认识仅停留在微软、SAP（思爱普）等外国公司及金蝶、用友等国内公司的纯软件类产品，大多数电信厂商没有最终确认新的合同格式。尽管当时个别国际通信设备供应商因早期在中国已获得强势供应地位，其一贯的软件、硬件、服务独立报价合同格式得到了中国厂商的认同，但因数额较大，税企双方均处于对政策的观望之中，这些企业延迟了很久后才享受到软件产品的即征即退税收优惠政策。

接下来的问题是，有些电信运营商理解并相信了国家这一重大税收优惠政策，可以接受通信系统设备中的软件产品单独报价，但对因此享受的税收优惠政策红利需按一定比例分享提出了条件（有部分运营商提出各50%），这极大地挫伤了中兴通讯的积极性，也使该项优惠政策的效果大打折扣。2000年，中兴通讯财务与业务人员共同努力推广对电信运营商进行软件产品单独报价，最终结果是实现了软件产品销售收入共7 000万元，这在中兴通讯当时百亿元收入中的占比几乎可以忽略不计，与其系统设备中所嵌入的软件产品价值更是完全无法匹配的。

原深圳市国家税务局得知包括中兴通讯、华为等在内的集成电路企业，在享受嵌入式软件增值税即征即退政策上的困境后，科学谋划，大胆实践，最后采用"四分开"的方式，使该政策真正得以"落地"实施。这项政策的"落地"实施，对当时中兴通讯、华为的发展起到了重要的促进作用。

书中第三部分是11篇经济评论文章。这些文章紧扣现实的热点问题，做出了观点新颖、逻辑严密的专业评述，比如《浅析地方政府"赛龙夺锦"拼经济的内在机理》《罗默：科技和人力资本在经济增长中的核心地位》《正确认识用电量指标反映的经济问题》等。这些文章已经超越税收专业，走向了更为广阔的解释经济、社会现象的公共写作范畴，这必是厚积薄发后的"输出"，十分可观。

　　书中第四部分《税收实践的文化力量》，道出了可观的"输出"背后磅礴且绵长的支撑力量——中华民族优秀的传统文化，也是"两个结合"在税收领域的生动体现。2023年11月，智文被聘为北京大学经济学院硕士研究生校外导师，我深感其身上有北京大学经济学院院长董志勇教授所说的"一名真正的士"的气质，即具有士人的"真精神""真本领""真情怀""真气度"。

　　本书既收录了专业的税收论文，也是非常具有可读性的经济学读本，且饱含浓厚的文化气息，能将这三者融为一体而不违和，实在难得。

　　是为序。

石春茂 博士

北京国家会计学院兼职硕士生导师、某著名 ICT 公司原高管

2024 年 3 月 12 日

符合新质生产力发展要求的税收实践

2024年2月18日，广东省高质量发展大会在深圳召开。加上2023年的，广东省委、省政府已连续两年在农历开年后的第一个工作日，召开全省高质量发展大会。在2024年的广东省高质量发展大会上，"新质生产力"是高频关键词。根据会议精神，新质生产力由技术革命性突破、生产要素创新配置、产业深度转型升级而催生，特点是创新，关键在质优，本质是生产力。这一新的生产力理论，深刻阐明了发展新质生产力同科技创新和产业创新的关系，让我们推动高质量发展有了更加明确的方向和抓手。

在会上，企业代表比亚迪董事长王传福发言时讲道："比亚迪成立30年，扎根广东深圳，伴随着广东深圳经济、社会发展而不断成长壮大，没有广东深圳的大力支持，就没有比亚迪的今天"，"比亚迪成绩的取得，是广东省坚持制造业当家，加快发展新质生产力，实现高质量发展的一个缩影"。

发展新质生产力，比亚迪是一个代表。除了比亚迪，深圳还有华为、中兴通讯、腾讯、迈瑞、大疆等著名的高科技企业群体。这些企业大部分在美国的"实体清单"上，是美国倾力打压遏制却仍在艰难成长的，它们走出了民族科技自立自强的坚实步伐。

为什么这些标志性的高科技企业都诞生在深圳，并在深圳不断发展壮大呢？深圳做对了什么？这些值得探讨。

深圳在1980年是地区生产总值仅2.7亿元的边陲小镇，经过40多年的发展，2023年地区生产总值达3.46万亿元，成为代表新质生产力良好发展的一个重要的中心城市。笔者认为，40多年来，深圳的税收实践一直坚持助力科技企业发展，可能是一个观察的视角。

回顾历史，各个关键时点，税收始终服务好"科技立市"战略，逐渐形成了ICT产业集群。1980—1993年，深圳实行经济特区税收优惠政策，促使经济从"深圳加工"到"深圳制造"的快速发展。在40年的发展过程中，尤其是在改革开放初期，在中央的大力支持下，深圳充分发挥地方积极性，在制定经济政策时充分考虑深港两地经济市场同一性的要求，在税收政策上以"税负宜轻、优惠宜宽、手续宜简"为指导思想，以"服务、扶持、促进、发展"深圳经济为宗旨，本着"经济决定税收，税收服务于经济"的思路，充分运用中央赋予深圳经济特区的税收优惠政策，大胆探索、改革，逐步形成了适应深圳经济发展要求的政策。1994—2007年，深圳税务部门推动地方政府停止"三来一补"项目审批，同时落实好"地产地销"增值税优惠政策等，促进经济从"深圳制造"到"深圳高科技"的健康发展。从2008年至今，深圳税务部门科学落实好国家支持科技研发的一系列税收政策，促进经济从"深圳高科技"向"深圳ICT产业集聚"的高质量发展。

在助力ICT产业发展的税收优惠政策中，深圳税务部门有效落实嵌入式软件产品增值税即征即退政策特别值得一提。1994年的新税制，增值税税率是17%，且机器设备、建筑物等固定资产不能抵扣，人员工资也不能抵扣。17%的税率，显然超出了当时软件和集成电路企业的承受能力。国务院于2000年出台了政策，税负超过3%的软件和集成电路企业，可申请办理超税负返还的增值税"即征即退"。

我国于2001年12月加入WTO（世界贸易组织）。2004年3月18日，美国向 WTO 提出了诉讼请求，指出中国的集成电路产业增值税退税措施对进口的国外同类产品是歧视性的，违反 WTO 规则和中国入世议定书中的承诺。这个诉讼请求，是中国加入 WTO 后被告的第一案。2004 年 7 月 2 日，中美双方通过四轮磋商达成谅解。美方将在谅解备忘录签署后撤回在 WTO 争端解决机制下对中国提起的诉讼。中方承诺享受增值税退税政策的中国集成电路企业及产品将继续享受该待遇直至 2005 年 4 月 1 日，届时将彻底停止集成电路企业及产品的增值税即征即退政策。

显然这个结果对当时还在萌芽之中的软件和集成电路企业将造成巨大的冲击。2006 年，《财政部 国家税务总局关于嵌入式软件增值税政策问题的通知》(财税〔2006〕174 号) 规定，增值税一般纳税人销售其自行开发生产的用于计算机硬件、机器设备等嵌入的软件产品，凡是分别核算其成本的，按照其占总成本的比例，享受有关增值税即征即退政策。这个政策真正"落地"，正是在中兴通讯和华为。集成电路企业适用的实际税率基本上又从 17% 回到了接近 3%，像一场及时雨一样，帮助了当时还弱小的深圳高科技企业度过了那个"寒冷的冬天"。

关注当下，持续打造市场化、法治化、国际化的营商环境，发挥有效市场和有为政府的作用。"营商环境也是生产力。"深圳经济、社会的发展奇迹，与良好的营商环境密切相关。营商环境好，意味着交易费用低；交易费用低，有力促使产业集聚；产业集聚则进一步降低整个产业链的生产成本和交易费用，促进产出增加、产业发展，推动经济结构升级。这是一个良性循环的正反馈。2023 年，深圳地区生产总值 3.46 万亿元，广州地区生产总值 3.04 万亿元，两者差距不大；但深圳有 2.4 万家高新技术企业，广州有 1.3 万家高新技术企业，深圳的高新技术企业数是广州的 1.85 倍。2023 年，深圳的一般公共预算收入 4 112.8 亿元，广州的一般公共预算收入 1 944.1 亿元，深圳的一般公共预算收入是广州的 2.1 倍。国家级高新技术企业认定，税务部门是参与认定单位之一。在经济规模差不多的情况下，高新技术企业数量明显多，一般公共预算收入高，也证明了深圳的税收实践与新质生产力的发展要求是相符的。

深圳40多年来的发展经验多次证明，新的产业，比如十多年前的手机产业，几年前的无人机产业，现在的储能和新能源车产业，都是在政府行政管制较少的领域，充分发挥市场在资源配置中的决定性作用，通过市场竞争脱颖而出。正如大疆负责人在接受采访时表示："不管就是最好的支持。"如何更好地发挥政府的作用呢？就是始终维护好市场化、法治化、国际化的营商环境。具有竞争力的税收环境，是良好营商环境的一个重要方面。

展望未来，在人工智能浪潮到来之际，深圳着力在推进数据要素制度"落地"方面先行示范。2023年，ChatGPT（一款聊天机器人程序）横空出世。近日，Sora（人工智能文生视频大模型）全网爆火。人工智能的浪潮已经无法避免地扑面而来。根据国家统计局的数据，2022年，我国数字经济规模达50.2万亿元，占GDP比重41.5%。今后，这个比重必定会继续提升。然而，与数字经济及人工智能时代相匹配的税收制度、征管和服务能力还未建立起来，尤其是与数据生产要素相适应的财税政策尚未与时俱进。比如从平台企业购买的数据资源，如果被认定为广告费，尚未能据实全额在企业所得税前列支。与数据生产要素相配套的各种制度，亟须建立和完善，深圳的税收实践应在这些方面继续先行示范。

黄智文

2024年2月22日

（序二专为本书而作，2024年2月23日发表于《21世纪经济报道》第4版）

目录 |

第一篇

深圳奇迹的税收实践

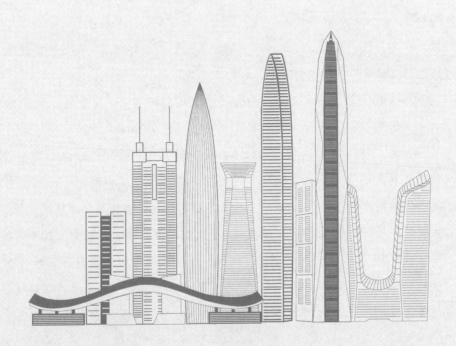

税收优惠促进产业进步研究

——基于深圳的实践

───────────── 摘要 ─────────────

　　本文从产业政策是否有效、怎样的产业政策才能有效入手，分析了国内外具有代表性的经济学家对这些问题的不同观点。对罗默的新经济增长理论及模型进行的分析，是在大量的文献收集与逻辑推演基础上，并利用了菲利普·阿吉翁等人的实证研究结果，论述了产业政策的四种工具——银行利率、关税、财政补贴、税收优惠，是否与提升全要素劳动生产率相关。在相关性的基础上，通过严密的逻辑分析，推导出了"税收优惠是有效的产业政策工具"这个结论。这是本文的第一个创新。

　　深圳40年的经济发展是一个奇迹，其间经济增长了上万倍，从广东的一个边陲小镇，跃升为亚洲第五大城市，并在2018年地区生产总值超过了香港，"税收优惠是有效的产业政策工具"在深圳40年的经济发展过程中得到实践检验。本文论述了税收在深圳经济发展和产业升级过程中发挥的重要作用：一是1980—1993年，深圳实行经济特区税收优惠政策，促使经济从"深圳加工"到"深圳制造"的快速发展。二是1994—2007年，深圳税务部门推动地方政府停止"三来一补"项目审批，同时落实好"地产地销"增值税优惠政策等，促进经济从"深圳制造"到"深圳高科技"的健康发展。三是从2008年至今，深圳税务部门落实好企业所得税"两过渡"政策和高新技术企业优惠税率政策，促进经济从"深圳高科技"向"深圳 ICT 产业集聚"的高质量发展。本文总结了税收助力深圳 40 年经济发展的经验，即深圳税务部门始终坚持税收"三观"：税收经济观、税收质量观和税收调控观。这是本文的第二个创新。

在理论分析、实证结论以及深圳实践的基础上，本文提出了以税收优惠为产业政策工具应该坚持的基本原则，包括谨慎应用原则、促进竞争性原则、坚持经济手段原则、符合 WTO 规则原则、支持先进技术原则、程序简便原则；分析了双循环新发展格局的基本内涵与核心要义，提出了促进双循环的税收政策建议，包括进一步完善支持畅通国内大循环的税收政策，进一步完善支持高质量开放的税收政策，进一步完善支持解决"卡脖子"问题的税收政策。这是本文的第三个创新。

"三个创新"是一个有机结合的整体，回答了一个根本性的命题：有效的税收政策能够促进产业进步。

关键词： 产业政策 税收 深圳经济 双循环 政策建议

一、导论

（一）研究背景及研究意义

1. 研究背景

习近平总书记多次强调："领导干部要胸怀两个大局，一个是中华民族伟大复兴的战略全局，一个是世界百年未有之大变局，这是我们谋划工作的基本出发点。"[①]税收工作要主动服从、服务于这两个大局，主动作为，切实发挥税收在国家治理中的基础性、支柱性、保障性作用。

---

① 曹平.胸怀两个大局 [N].人民日报，2019-08-05（8）.

以这两个大局为大前提，本文的研究背景主要包括三个方面。

一是国内经济进入了新常态。主要表现为：经济增速趋缓，改革开放以来30多年均速超过8%的经济增长率难以持续了；经济动能调整，过去主要靠高资源投入，需要转变到依靠科技进步和管理提升。为了适应经济新常态下的发展需要，发挥税收筹集财政收入、调控经济、调节收入分配的职能，近年来，我国陆续实施了大规模的结构性减税降费政策，包括2016年取消营业税，全面实施"营改增"；2018、2019年连续两年下调增值税标准税率；2020年继续加大力度实施支持软件产业和集成电路产业发展的财税制度等。这是本文研究的国内经济发展背景。

二是美国针对我国制造贸易摩擦，以及对我国高科技企业实施"卡脖子"政策。从2018年开始，美国数次对我国输美产品提高进口关税，制造了严重的经贸摩擦。2018年4月，美国对我国高科技企业中兴通讯执行为期7年的出口禁令，禁止中兴通讯向美国企业购买敏感产品，对中兴通讯"一剑封喉"，使其一夜之间陷入"休克"。2019年5月，美国故技重施，将我国最具影响力的科技企业华为列入"实体清单"，随后又多次加大了制裁力度，企图全面扼杀华为的发展。至今，这种制裁仍在持续，严重阻碍我国科技企业的发展进程。这是本文研究的国际环境背景。

三是深圳40年间从边陲小镇成长为亚洲第五大城市和"中国硅谷"，涌现了不少高科技代表性企业。例如，2024年2月18日广东省高质量发展大会在深圳召开，比亚迪作为新质生产力的代表性企业，公司董事长王传福在大会上发言。除了比亚迪之外，在5G领域，深圳有华为、中兴通讯；在互联网平台领域，深圳有腾讯；在无人机领域，深圳有大疆；在医疗器械领域，深圳有迈瑞。为什么如此众多新质生产力的代表性企业，均诞生在深圳，并在此不断发展壮大，成为国家科技自立自强的中流砥柱？这值得研究。作为一名来自深圳的全国税务领军人才，对深圳经济发展奇迹的原因进行深入研究是职责所系。这是本文研究的地域背景。

2. 研究意义

一是理论意义。本文以习近平新时代中国特色社会主义思想为指导，以罗默的内生增长理论、市场失灵理论、企业创新理论为基础，论证了税收政策是有效的产业政策，具有一定的理论意义。

二是应用价值。本文通过总结税收助力深圳40年经济发展的实践和经验，提出了使用税收政策支持产业进步的基本原则，以及在双循环新发展格局下的政策建议，具有较强的应用价值。

（二）国内外研究动态及述评

本文从产业政策之争和深圳40年经济发展的原因两个方面展开综述。

1. 产业政策之争的不同观点及税收优惠促进产业进步的文献

（1）国内外研究者关于产业政策是否有效的观点

从亚当·斯密、大卫·李嘉图到约翰·梅纳德·凯恩斯、弗里德里希·奥古斯特·冯·哈耶克，再从罗伯特·索洛到迈克尔·斯宾塞、保罗·罗默[①]，都在思考如何发展经济的问题。产业政策之争的核心问题就是政府的宏观政策工具对经济发展、产业发展有无积极作用的问题。新古典经济学、发展经济学对此多有研究。2008年，两位诺贝尔经济学奖获得者罗伯特·索洛和迈克尔·斯宾塞，牵头组织二三十位来自发展中国家的经济学家和学者，组成一个增长委员会。他们研究发现，二战以后，有13个经济体实现了每年7%或者更高的经济增长速度，维持了25年或者更长的时间。这13个经济体有5个共同的特征：①它们是开放经济体，用世界上先进的技术、理念来生产世界所需要的产品，也就是利用它们的比较优势来生产，利用后发优势来发展；②它们都实现了宏观经济的稳定；③它们都有高储

---

① 即上文、下文提到的"罗默"。

蓄率和高投资率；④它们都是市场经济，或是走向市场经济的国家；⑤它们都有一个积极的、有为的政府。

最近几年，对这个问题进行深入讨论的经济学家有菲利普·阿吉翁等人（2016），他们认为有竞争的产业政策是有效的。[①]本文将在他们的研究基础上进行更深入的探讨。詹姆斯·罗宾逊（2017）认为产业政策可能发挥作用，也可能遭遇失败，区别在于实施政策的机构的目标和行动，而这些是由政治体制决定的。与其他因素相比（如市场失灵原因和思想观念差异），政治因素对产业政策成败的影响要大得多。比如同样是产业政策，为什么在中国台湾能发挥作用，在非洲加纳不行？因为它们的政治均衡差异巨大。[②]

国内不少经济学家也对产业政策问题进行过深入讨论。比如林毅夫（2016）提出的新结构经济学，认为产业政策是后发国家追赶发达国家的重要途径。具体而言，工业革命以后，经济发展的表面现象是人均收入水平越来越高，这就要求提高劳动生产率水平。提高劳动生产率水平的途径如下：一是产业进行技术创新；二是劳动者的平均产出提升；三是新产业的附加值比原产业高，这样可以使资源重新配置，使得各种资源从低附加值产业向高附加值产业转移。

现在的产业不仅要有电力、交通等"硬"的基础设施，还要有法律、保险等"软"的制度保障，以及金融体系等。现代经济增长，表面上看是收入水平不断提高，但本质上是决定劳动生产水平的技术不断创新，产业不断升级，以及决定交易费用的基础设施和"软"的制度环境不断完善。这就需要政府发挥作用，产业政策不可避免。[③]张维迎（2016）则认为产业政策是无效的，产业政策不过是穿着马甲的计划经济，注定是会失败的。

---

① 张维迎，林毅夫.政府的边界[M].北京：民主与建设出版社，2017：117-154.

② 同①98-116.

③ 同①77-96.

失败的原因主要有两个：一是人类认知能力的限制，而创新和新产业都是不可预见的，政府政策不可能比企业家更早预见创新和新产业，所以政策鼓励的产业注定是会失败的。二是激励机制的扭曲。政府官员在执行产业政策时，成功了，就是企业赚了钱；失败了，则是自己要承担责任，甚至会丢掉乌纱帽。这样扭曲的激励，政府官员会尽全力不让扶持的产业在自己任期内出问题，会用错误来掩盖错误，导致产业政策失败。相较而言，认知能力的限制是根本性的，所以产业政策是不可能成功的。[①]

还有众多研究者从不同角度讨论了上述问题。程俊杰（2015）认为，产业政策是导致我国转型时期产能过剩的重要因素。[②] 余明桂等（2016）研究发现，产业政策能显著提高被鼓励行业中企业发明专利数量，且这种正向关系在民营企业中更显著。[③] 吴敬琏（2017）认为，由政府直接"调结构"不但无效，反而会产生反效果。[④] 贾康（2017）肯定实施"赶超战略"时需要产业政策，但产业政策制定和实施中具有挑战性的双刃剑特征——产业政策搞得好，是"追赶—赶超"时的利器；搞得不好，会出现失误，而且这种失误往往有政府介入之后会带来很大冲击力的特点。[⑤] 王小鲁（2017）提出，要构建新的公平、普惠、减负、转变政府职能的产业政策框架。[⑥] 赵坚（2017）赞同菲利普·阿吉翁的观点，认为促进竞争的产业政策，对增强国家经济竞争力起关键作用。韦森（2017）的观点是，政府在新兴产

① 张维迎，林毅夫.政府的边界 [M].北京：民主与建设出版社，2017：57-76.

② 程俊杰.中国转型时期产业政策与产能过剩：基于制造业面板数据的实证研究 [J].财经研究，2015，41（8）：131-144.

③ 余明桂，范蕊，钟慧洁.中国产业政策与企业技术创新 [J].中国工业经济，2016（12）：5-22.

④ 同①155-168.

⑤ 同①169-185.

⑥ 同①186-207.

业的投资效率不如企业和市场。[①] 冯兴元（2017）也认为竞争政策是最好的产业政策。[②]

（2）学术界关于税收优惠对产业进步发挥作用的机理分析

税收具有调节经济的"稳定器"作用。经济好时，税收增加，抑制生产。经济不好时，税收减少，刺激生产，有助于"熨平"经济波动。税收优惠促进产业进步的研究，有不少成果。其中，李方旺（2015）对这个问题使用了耗散结构系统的分析方法，对本文的研究有启示和借鉴作用。李方旺认为，先进技术产业（原文表述为"战略性新兴产业"）的发展要素主要包括人才、资金、设备和技术。这些要素的质量和要素间的协调，决定着战略性新兴产业发展的质量和效率。战略性新兴产业系统是远离平衡态的动态、开放的系统，具有耗散结构特征，内部结构复杂，且结构随其发展阶段而时刻变化，同时和外界有着信息、物质和能量的交换。对于战略性新兴产业系统而言，任何外部力量的输入都是为了维持其耗散结构。税收政策作为一种重要的外部输入，目标是实现战略性新兴产业系统形成和维持耗散结构的有序状态。实现这个目标的主要手段是围绕战略性新兴产业的不同阶段、不同主体和不同要素，对战略性新兴产业系统注入负熵，使整个系统的熵减少，为战略性新兴产业带来开放性、非平衡性、非线性和涨落等条件，使战略性新兴产业系统可以维持有序状态，开展技术创新、产业创新等系统活动，促进战略性新兴产业高效发展。引入负熵的方式一般有五种：①通过降低成本直接引入负熵；②通过提升先进技术要素的贡献直接引入负熵；③通过鼓励企业加大对外合作引入负熵或抵消熵增；④通过加速技术转移过程引入负熵；⑤引导社会资源进入战略性新兴

---

① 张维迎，林毅夫. 政府的边界 [M]. 北京：民主与建设出版社，2017：208-216.

② 同①231-236.

产业系统，间接引入负熵。[①]

雷根强（2019）基于我国"十大产业振兴规划"自然实验的经验研究后，得出结论——"十大产业振兴规划"对企业技术创新的作用方向和力度具有显著的提升作用。[②] 肖叶（2018）认为，从税收总量来说，地区间的税收竞争抑制了产业结构转型升级。[③] 赵书博（2019）研究指出，我国出台的一系列税收优惠政策，包括允许企业发生研发费用加计扣除、对高新技术企业实行低税率、对技术转让所得给予减免征收企业所得税等，对激励企业创新，发挥了一定作用。[④] 丁道勤（2007）认为，软件产业与集成电路产业是信息产业的核心，在高新技术产业发展中占据特殊地位，他通过分析日本、韩国软件产业和集成电路产业的发展经验，提出不仅要有明确的产业政策支持，而且应该通过法律形式固定下来。[⑤]

2. 深圳40年经济发展的因素分析及双循环新发展格局的有关论述

深圳40年的经济发展是一个奇迹，不少研究者从不同角度总结了深圳的发展经验。张思平（2019）认为，深圳40年的经济发展，尤其是深圳的高科技产业崛起，要归功于制度创新，包括产权制度的创新、市场体制机制的创新、政府体制的创新及外向型经济体制的创新。[⑥] 赵达（2019）从

① 李方旺.构建战略性新兴产业发展的税收激励机制 [J].税务研究，2015（9）：39-45.

② 雷根强，孙红莉.产业政策、税收优惠与企业技术创新：基于我国"十大产业振兴规划"自然实验的经验研究 [J].税务研究，2019（8）：5-11.

③ 肖叶，刘小兵.税收竞争促进了产业结构转型升级吗：基于总量与结构双重视角 [J].财政研究，2018（5）：60-74.

④ 赵书博，王秀哲，曹越.我国激励企业创新的税收政策研究 [J].税务研究，2019（8）：20-26.

⑤ 丁道勤.我国产业政策法律化研究：以软件产业与集成电路产业发展立法为视角 [J].中国软科学，2007（8）：35-45.

⑥ 张思平.深圳奇迹：深圳与中国改革开放四十年 [M].北京：中信出版社，2019：119-132.

经济地理学的视角指出，河流和港湾的枢纽地位，对深圳40年开放和经济发展发挥着催化作用。①范子英（2019）研究指出，深圳创新产业的成功，与其财政和税收政策具有非常鲜明的特点有关。财政方面，计划单列市的身份为其争取到了更多的财政分成。税收方面，深圳市为企业和国家税收政策之间构造了一个缓冲区。这些财政税收特点，为深圳经济发展，特别是高新科技产业发展，创造了良好的条件。②陈丹（2019）认为，深圳的创新成功，要归功于良好的创投产业和体制，建立了创投行业的"中国模板"，为深圳的科技创新企业发展提供了重要的金融支持。③

深圳40年经济、社会发展实践，实际上就是充分发挥市场在资源配置中的决定性作用，以及更好地发挥政府的作用的结果，也是充分利用国内外两个市场、两种资源发展的结果。深圳的实践经验，对于更好地构建双循环新发展格局具有参考作用。2021年1月，习近平总书记在省部级主要领导干部学习贯彻党的十九届五中全会精神专题研讨班开班式上明确指出，进入新发展阶段、贯彻新发展理念、构建新发展格局，是由我国经济社会发展的理论逻辑、历史逻辑、现实逻辑决定的。何毅亭（2020）认为，"我国将进入新发展阶段"是重大战略判断，必须把握好畅通国内大循环与国内国际双循环的关系，推动形成以国内大循环为主体、国内国际双循环相互促进的新发展格局。④黄群慧（2020）认为，当前我国国民经济循环的主要矛盾是供给与需求不匹配、不协调和不平衡，国民经济循环无法有效畅通的矛盾主要方面不在需求侧，而在供给侧，因此必须通过深化供给侧结构性改革，疏通国民经济的"经络"，畅通国民经济循环，从而不断扩大国内经济循环。⑤黄奇帆（2020）认为，打通中国经济双循环要有超常

---

① 张军.深圳奇迹[M].北京：东方出版社，2019：108-146.

② 同①173-206.

③ 同①207-235.

④ 张占斌.国内大循环[M].长沙：湖南人民出版社，2020：3-6.

⑤ 同④7-14.

规的思路。[①] 张占斌（2020）[②]、张军（2020）[③] 等也从不同角度阐释了如何理解新发展格局，提出了实现新发展格局的一些政策建议。

3. 文献述评及本文的框架

总体来看，现有文献多、视角广、观点新、学术贡献大，为本文的研究奠定了坚实的理论基础和可借鉴的实践参考。许多学者围绕产业政策是否有效，如何才能有效，税收在产业进步中能起什么作用，如何才能起作用，以及深圳40年经济、社会发展的实践和经验，进行了深入研究。这些不同角度的观点，对本文都是有启发的。税务部门作为组织财政收入的主体，以及重要的经济管理部门，应对这些不同的观点进行辨析：一是从理论逻辑上，应该回答税收是有效的产业政策工具；二是从历史逻辑和实践逻辑上，应该用税收助力深圳40年经济发展的成功实践来证明这个结论。为此，笔者对这个问题进行了长达数年的思考，2019年提出税收政策是有效的产业政策工具，完成论文《产业政策之争的税收视角——兼论芯片企业税收优惠政策着力点》[④]，成为本文中"税收优惠促进产业进步的理论依据"的主体；2020年对鼓励软件产业和集成电路产业发展的税收政策进行了回顾和分析，完成论文《软件产业和集成电路产业税收优惠政策：回顾与建议》[⑤]，2021年完成论文《税收助力深圳经济40年发展的实践与经验》[⑥]，成为本文中"税收优惠促进产业进步的深圳实践"的主体。

---

① 张占斌. 国内大循环 [M]. 长沙：湖南人民出版社，2020：15-27.

② 同①28-37.

③ 同①38-46.

④ 发表于《税务研究》2019年第1期。

⑤ 发表于《税务研究》2020年第5期。

⑥ 发表于《税务研究》2021年第5期。

（三）主要内容及结构安排

本文主要内容及结构安排如下：

"导论"主要介绍了研究背景、研究意义、研究动态及述评、研究思路和方法、主要创新和不足等。

"税收优惠促进产业进步的理论依据"首先从罗默模型出发，提出要从新经济增长理论出发，把握税收优惠促进产业进步的实质；然后分析了产业政策之争的不同观点，在菲利普·阿吉翁等人的实证结论——税收和补贴与全要素劳动生产率相关的基础上，进一步论证了税收是有效的产业政策工具。

"税收优惠促进产业进步的深圳实践"首先论述了深圳实行经济特区税收优惠政策，促使经济从"深圳加工"到"深圳制造"的快速发展；然后论述了税务部门的积极作为，落实税收优惠政策，促进经济从"深圳制造"到"深圳高科技"的健康发展；接着论述了深圳创造性落实税收优惠政策，促进经济从"深圳高科技"向"深圳 ICT 产业集聚"的高质量发展；最后总结出深圳一直坚持税收经济观、税收质量观、税收调控观的经验。

"税收优惠作为产业政策工具应坚持的原则及政策建议"首先论述了促进产业进步的税收优惠运用的基本原则，包括谨慎应用原则、促进竞争性原则、坚持经济手段原则、符合 WTO 规则原则、支持先进技术原则、程序简便原则；然后论述了如何正确理解双循环的新发展格局，指出应当正确理解双循环新发展格局的实质和要求，提出了新发展格局下促进双循环的税收政策建议。

以上内容是一个有机统一的整体，从不同层次和角度回答了税收优惠是如何促进产业进步的。

（四）研究思路和方法

本文主要按照"提出问题—理论分析—前人的实证分析—逻辑推演—深圳的成功实践—政策建议"的思路展开研究。

本文采取的研究方法主要为文献资料法与归纳演绎法：通过对相关文献资料的梳理、归纳、逻辑分析与推理，从理论角度分析税收政策是有效的产业政策，并用深圳的实践进行了例证，提出了双循环新发展格局下的政策建议，为后续研究奠定文献和理论基础。

（五）主要创新和不足

1. 主要创新

一是首次以税收的视角，深入评析了张维迎和林毅夫关于"产业政策是否有效"这个永恒的热点命题，并在菲利普·阿吉翁等人的实证研究基础上，提出并论证了"税收政策是有效的产业政策"这个结论。二是分析了深圳40年经济发展的奇迹，首次总结了在深圳经济发展的不同阶段，税收所发挥的作用，并创造性地总结为是坚持税收经济观、税收质量观、税收调控观的结果。三是首创性提出使用税收政策促进产业进步应该坚持的基本原则。四是提出了双循环新发展格局下的税收政策建议。

2. 不足

有关政策建议还需要持续研究，不断丰富和完善。

二、税收优惠促进产业进步的理论依据

税收在国家治理中起到基础性、支柱性、保障性作用。20世纪80年

代，西方供给学派曾经论证并实践，通过减税的方式，帮助西方国家度过了滞胀时期，迎来了信息时代新的繁荣。2015年以来，我国大力推行结构性改革，通过"三去一降一补"（去产能、去库存、去杠杆、降成本、补短板）等方式，推进经济体制改革，激发市场主体发展的内生动力，度过了"三期叠加"（增长速度换挡期、结构调整阵痛期、前期刺激政策消化期）带来的经济发展挑战问题，促进了新常态下的经济稳健发展。党的十九大以后，在"世界百年未有之大变局"的国内外环境下，我国持续通过完善税收政策、实施减税降费，促进了经济健康发展。这些政策包括2016年全面实施"营改增"，2018、2019年连续两年下调增值税标准税率，继续落实支持技术进步的税收政策（如对国家级高新技术企业减按15%的税率征收企业所得税），进一步加大力度完善支持软件产业和集成电路产业发展的财税政策等。如何评价这些税收优惠在经济发展、产业进步中的作用，是本文要讨论的核心问题。

（一）罗默模型所提供的理论依据

1. 经济增长理论的发展

对"经济是怎么增长的"这一问题的不同理解，形成了不同的经济增长理论，亚当·斯密的《国富论》、大卫·李嘉图的《政治经济学及赋税原理》、托马斯·罗伯特·马尔萨斯的《人口原理》、阿林·杨格的《报酬递增与经济进步》、约瑟夫·熊彼特的《经济发展理论》等，都有关于经济增长的基本思想。这些思想包括竞争性行为和动态均衡的基本方法，报酬递增的作用及其与物质资本和人力资本积累的关系，人均收入和人口增长率之间的相互作用，劳动专门化程度提高、新产品与新生产方法发现导致的技术进步的作用，以及垄断力量作为一种激励对技术进步的作用等。

二战后，经济增长理论得到了进一步发展。罗伯特·索洛（1956）发表《对经济增长理论的贡献》，肯尼斯·约瑟夫·阿罗（1962）将技术进步看成经济系统决定的内生变量，提出了不同于新古典增长理论的内生经济增长模型的研究框架。宇泽弘文（1965）提出另一个重要的内生增长模型，通过假定经济中存在一个生产人力资本的教育部门，从而将索洛模型中的技术进步内生化。20世纪80年代中期以来，罗默（1986）继承了阿罗的研究，提出了内生的技术进步是经济增长的唯一源泉的观点，为新经济增长理论的发展开辟了道路。

2. 罗默增长模型的演进及税收优惠促进技术进步的理论依据

以罗伯特·索洛为代表人物的新古典增长理论有两个核心假定：一是技术外生，二是生产的规模收益不变。而罗默、罗伯特·卢卡斯等经济学家突破了新古典增长理论的分析框架，形成了新增长理论。

新增长理论认为，新古典增长理论的两个假定都不符合现实。首先，从全社会的角度看，技术是经济系统的内生变量，是追求利润最大化的行为者决策的结果。其次，从历史来看，生产表现为规模收益递增，而不是规模收益不变。新增长理论家在技术内生与生产的规模收益递增的假定下，考察经济的长期增长，使增长理论进入了一个新的发展阶段。其中，罗默增长模型就是新增长理论家的主要贡献，罗默则于2018年获得了诺贝尔经济学奖。

罗默增长模型的演进分为两个阶段：第一阶段，仍然在新古典的完全竞争假设下考察经济增长；第二个阶段，放弃了完全竞争假设，转而分析垄断竞争条件下的经济增长问题。

罗默1986年在其论文《收益递增与长期增长》中，提出了第一个新增长理论模型。罗默认为，纵向考察世界各国的经济增长可以看出，随着时间的推移，一国的经济增长率存在上升的趋势；横向比较世界各国的经济增长可以看出，发达国家与大多数发展中国家的差距是日益扩大而非缩小。根据这个经济增长的基本事实，罗默得出生产是收益递增的结论。新古典增长理论假定生产是规模收益不变的，而且新古典增长理论通过存在外生的技术进步以避开其理论与增长的事实是矛盾的。罗默是赞成政府干预经济的，因为经济行为具有外部性，需要通过政府干预去调节。比如污染环境具有负的外部性，所以需要课征"庇古税"进行调节，而私营企业的技术和研发投入，是具有正的外部性的，企业研发的私人收益小于社会收益，所以企业的研发投入需要财政补贴或税收优惠方面的支持。

罗默1987年的论文《以由专业化引起的规模收益递增为基础的增长》和1990年的论文《内生技术变化》是罗默增长模型的第二阶段。在这个阶段，罗默构造了一个专业化和收益递增框架下解释经济增长的模型。他在1987年的论文中，把收益递增看作专业化程度提高的结果，专业化引起的收益递增，导致经济的持续增长。他在1990年的论文中，构造了一个更加完整的增长模型：产量是技术、人力资本、物质资本和劳动的函数。这个模型实际上是对罗伯特·索洛产出三要素（资本、劳动力、技术）分析框架的进一步完善和改进。

罗默认为，技术作为一种商品，既不同于通常的竞争性物品，也有别于公共物品。而罗伯特·索洛认为，技术是非排他性的公共物品，是外生变量。非竞争性和部分排他性共同刻画了技术的特征。技术的非竞争性表现在：一个厂商或个人对技术的使用，并不阻碍其他人同时使用该技术，技术的复制成本很低，甚至为零。技术的部分排他性保证了行为者可以从技术创新中得益。罗默模型还强调人力资本对产出的促进作用。

罗默假定代表性厂商的生产函数是私有知识 k，社会知识总水平 K 和其他投入 h 的函数。[①] 除知识外，假定其他投入（包括物质资本和劳动）不变，$h = \bar{h}$，厂商的生产函数可以表示为：

$$y = f(k, K) = F(k, K, \bar{h})$$

---

① 潘士远，史晋川.知识吸收能力与内生经济增长：关于罗默模型的改进与扩展[J].数量经济技术经济研究，2001（11）：82-85.

其中，F 是关于 k 和 h 的规模收益不变函数，是关于 k 和 K 的收益递增函数。在罗默模型中，知识总水平 K 对产出的贡献衡量了技术的外部性，因此私人厂商在进行投资决策时，不考虑 K 的变化，即把知识总水平 $K(t)$ 看成给定的；而社会计划者在进行投资决策时，将考虑 K 的变化对产出的影响，对社会计划者来说，知识总水平是各个厂商知识持有量的总和 $K=sk$。私人厂商的知识增长率的约束条件，是指用于生产知识的投资量 I 与知识产量 $\dot{k}$ 的函数关系。私人厂商知识持有量的增长率是私人厂商投资与私人厂商知识持有量的比率的函数，这一函数关系可以表示为：

$$\frac{\dot{k}}{k} = g\left(\frac{I}{k}\right)$$

其中 g 是具有上界的 $y\beta$ 的增函数，$g(0)=0$，$g'(h)>0$，$g''(h)<0$，它表明研究部门生产知识的收益递减。

罗默的理论贡献在于：一是证明了具有技术进步的生产，其规模收益不是不变的，是收益递增；二是在继承了阿罗研究的基础上，改进了索洛模型，将知识和研发作为经济增长的内生变量，提出了内生的技术进步是经济增长的唯一源泉的观点。这个观点本质上可以认为是，通过计量经济学的方法，证明了邓小平"科学技术是第一生产力"的先验判断。

罗默赞同干预。他认为由于完全竞争条件下的均衡结果所表现的研究水平太低，而消费水平太高，政府可以通过宏观调控，引导消费品生产部门中一部分生产要素流向研究部门，使经济实现帕累托改进。因此，经济的帕累托最优状态出现在当政府选择的税收和补贴使知识的税后私人边际产品等于知识的社会边际产品时，政府在一次总付税制下可以选择的补贴形式主要有：补贴生产者的知识存量 k，补贴生产者的知识，或者在补贴知识生产的同时向知识之外的其他生产要素课税。本文所分析的支持技术进步的税收优惠政策，实质就是向知识之外的其他生产要素课税，因为这符合效率原则，有利于促进经济发展、产业进步。

（二）评析张维迎、林毅夫产业政策之争提供的理论依据

2016年11月，林毅夫和张维迎在北京大学就经济发展中的产业政策问题进行公开辩论。纵观经济学史，这样的辩论并不罕见。经济学并不是精密的科学，有这样的观点争锋实属正常，20世纪30年代，弗里德里希·奥古斯特·冯·哈耶克与约翰·梅纳德·凯恩斯就展开过理论论战。自林毅夫和张维迎辩论，又两年过去了，在此期间出现了新的情况：2017年1月，特朗普成为美国总统，他的口号是"让美国再次伟大"，让制造业回流到美国，让美国工人重新获取工作岗位；2018年4月，发生了美国制裁中兴事件，使全球第四大、中国第二大通信公司一夜之间进入"休克"状态；2018年7月，美国启动了以提高关税为主要手段的贸易战。税收在国家治理中，发挥着基础性、支柱性、保障性作用。税收部门有必要清晰了解产业政策之争的原因，掌握两种截然相反论断的分歧点和原因。只有从理论上真正搞清楚了，提出的政策建议才会有底气，才能增加政策的科学性和操作性，政策也才能真正"落地"。

1. 产业政策之争的主要观点评析

围绕产业政策之争，有两种对立的观点，张维迎的"破"有意义，林毅夫的"立"有价值。

从辩论的角度来说，张维迎是反方，他的主要论点是产业政策注定会失败。为什么产业政策注定会失败？第一个原因是人类认知能力的限制，第二个原因是激励机制的扭曲。

关于人类认知能力的限制，张维迎认为，纵观人类的产业发展史，创新和新产业都是不可预见的，现在讲某个时期某个产业发挥了多么重要的作用，全部是事后诸葛亮式的总结。新技术和新产业难以预见，是因为创新的一个基本特点是它的过程充满不确定性，这与科学上的发现类似。创新的不确定性使得人类没有办法预见求索的结果，然后制定一个目标，再

按这个目标寻找一条路径。实现创新的唯一途径是经济实验的自由，需要企业家的警觉、想象力、判断力，需要企业家不断试错，市场竞争决定谁成功、谁失败。扼杀企业家精神，也就堵塞了创新之路。

关于激励机制的扭曲，张维迎认为，无法想象政府官员对未来技术和产业的判断比企业家更敏锐，当政府官员认识到某种技术的重要性的时候，这种技术基本已经过时。比如在20世纪90年代，有的国有企业花了数十亿美元进口了几十条彩色显像管生产线，结果显像管生产线还没装配好，技术就过时了，因为进入了数字时代，显像管完全被淘汰。在激励机制上，企业家和政府官员很不一样。企业家试错，失败了，损失是自己的；成功了，收益也是自己的。政府官员做事成功了，没有与此相应的货币收益；失败了，反倒可能要承担一定的职业风险。所以政府官员考虑更多的是怎么回避个人责任。回避个人责任的一个办法就是听取专家意见，这样任何政策出问题以后，都可以说事先征求过专业的意见，官员自己当然就没有责任，至少情有可原。回避个人责任的另一个办法就是忠实执行上级政府的政策。中央政府号召做什么，我就做什么。或者"跟风"，别人（其他地区）做什么，我就做什么。比如别人做动漫，我也做动漫；别人做太阳能，我也做太阳能。这样即使最后失败了，大家都失败了，又不是我一个人失败了，我个人当然也就没有什么责任。为了避免错误暴露，政府往往还会对一个失败的项目提供更多的支持。这是一种被扭曲的激励机制。

产业政策之争，由来已久。二战以后，不少经济学家研究过发展中国家如何实现工业化，许多国家进行了各种尝试，包括结构主义的进口替代战略尝试，东亚的日本、韩国和中国台湾成功实现工业化的产业政策实践，非洲的加纳、津巴布韦的产业政策实践则完全失败了。现在基本的结论是，运用产业政策失败的案例很多，也有成功的；如果要实现产业结构升级，提升全要素劳动生产率，促进经济发展，必然离不开产业政策。张维迎分析了产业政策失败的原因和许多失败的案例，它们是一面镜子，让

19

推行产业政策者清醒，思考要怎样避免失败。GE（美国通用电气公司）前CEO（首席执行官）杰克·韦尔奇曾经说过，没有反对的声音，决策就不应该进行。从这个角度来看，分析产业政策失败的论点和论证，是有意义的。

相对于张维迎的"破"，林毅夫就是"立"的那一方。张维迎和林毅夫都是受过西方经济学系统训练的，都主张回归到亚当·斯密；不同的是，张维迎主张回到亚当·斯密的结论——政府当"守夜人"，而林毅夫主张回到亚当·斯密的研究方法，即《国富论》的全称——《国民财富的性质和原因的研究》。

林毅夫认为，任何理论都是对现象的研究，亚当·斯密研究的是18世纪中叶以前欧洲国家的现象，再根据那些现象做总结。但世界是在变的，现在研究的课题是"发展中国家如何才能实现经济发展"。

因此，林毅夫提出了自己的经济学学说：新结构经济学。新结构经济学实质上脱胎于结构主义，认为经济发展的实质是平均劳动生产率水平的提高。而要提高劳动生产率水平，一是现有产业必须不断进行技术创新，让每个劳动者生产的东西越来越多、越来越好；二是要有不断的产业升级，新的产业附加价值要比原来的产业附加价值高，使各种资源从低附加值产业向高附加值产业转移，重新配置。

要实现这样的产业升级，就必须运用产业政策。在分析了结构主义和华盛顿共识失败的原因时，林毅夫认为是这些国家没有遵循比较优势原则发展产业。在他的新结构经济学中，因此提出了"比较优势战略理论"，并提供了增长甄别和因势利导的"两轨六步法"。第一轨，甄别什么是具有潜在比较优势的产业。第二轨，根据这个产业中企业降低交易费用的需要，因势利导，改善软、硬件基础设施，使其成为具有竞争优势的产业。

发展经济是各国政府和民众的共同愿望，但如何实现经济增长有不同的理论和方案。2008年，罗伯特·索洛和迈克尔·斯宾塞牵头组成的增长委员会，分析出了13个高经济增长（7%或以上）国家的共同特征：①它们是开放经济体；②它们的宏观经济稳定；③它们有高储蓄率和高投资率；④它们是市场经济，或正在走向市场经济；⑤它们有积极、有为的政府。林毅夫完全赞同这些，但他认为这些是成功的"药引子"，而不是"药方"，他构建的新结构经济学才是具有一般意义的成功的"药方"。

中国等发展中国家的经济发展，需要符合实际情况的新经济学理论的指导和支持。同时，从中国等发展中国家的发展实践，也可能分析发现和发展出新经济学理论。林毅夫从这点出发，提出新结构经济学学说是有价值的。张曙光（2017）教授评析新结构经济学学说时指出："林教授立足于这些国家实践，从评述发展经济学发展中，遵循新古典经济学传统，吸收结构主义的精华，提出和建立了一个新的发展经济学分析框架。这是一个有益的尝试和大胆的探索，我对林教授的努力表示钦佩和支持。"同时，张曙光教授也指出这个学说还存在许多问题，需要进一步思考和研究："林毅夫搭建起了新结构经济学的框架，在我看来，这是一个不错的框架；但也仅仅是一个框架而已，骨瘦如柴，没有'血肉'，或者如有人所说，有一点点'血肉'。因此，要做的工作还很多。"

笔者认为"破"与"立"之间并非绝对对立，而是存在着联系。经济增长模型有多种，经济增长是多因一果的关系，任何一种模型都不可能将经济增长的所有因素都包含在内，更不可能对经济增长的各因素的贡献率进行精准的数量分析。既然如此，下面选择一种最简单的经济增长模型进行分析。

$$Y=af(L，K)$$

L是劳动力，K是资本，f是经济组织形式（包括经济制度、市场机制、政府作用等），a是全要素生产率（Total Factor Productivity，TFP）。

根据这个函数，可以解释中国改革开放之后30年的经济快速增长。L是人口红利，1978—2012年是人口红利期。K是资本投入，这30年内资、外资投入持续增加。f是经济组织方式，一方面通过改革减少政府干预扭曲，释放制度红利，同时通过开放，特别是2001年我国加入WTO，开拓了海外市场，都在促进经济增长。a 是全要素生产率，这与劳动者受教育水平密切相关。自 1977 年年底恢复高考，后又开放出国留学，提出"科学技术是第一生产力"，受高等教育和职业训练的人不断增加。在这个函数中，改革开放的前 30 年，几乎所有因素都是正数，结果就是生产的 Y 迅速增长。

最近十几年，形势有所变化，首先是 L 人口红利逐渐消失，甚至已经出现未富先老的现象。K 资本投资边际效率是递减的。至于 f 制度红利，改革进入了深水期，"触动利益比触动灵魂还困难"。经济增长的唯一期望就是 a 全要素生产率的提升，可以抵消所有下降的拉力。

张维迎和林毅夫实际上对经济增长开出了截然不同的"药方"（张维迎主张减少政府干预，林毅夫主张有为政府），实际上都是希望 f 改进。张维迎主张通过减少政府对资源配置的干预，让市场机制发挥作用，尊重和保护企业家精神，改善经济活力，促进产业升级和劳动生产率提升。林毅夫主张有效市场 + 有为政府，通过甄别比较优势，因势利导，采取相应的产业政策，促进经济结构升级，推动劳动生产率提升，使得经济增长。

现实世界中的经济增长因素远比上述模型复杂。刘鹤（2008）在总结中国改革开放经济取得巨大成就时，总结了 6 个因素：①"文革"后，全民形成改革共识；②开放；③市场化；④政治稳定，制度优势；⑤善于利用各种比较优势；⑥历史文化传统和积淀。

张维迎的思想，实际来自弗里德里希·奥古斯特·冯·哈耶克。林毅夫的思想，实际上也来源于西方古典经济学。所以张维迎指出，他和林毅夫的辩论是"新古典经济学范式"和"米塞斯 - 哈耶克范式"的论战。这种辩论注定不会形成共识。20 世纪 30 年代的那场理论论战，弗里德里希·奥古斯特·冯·哈耶克与约翰·梅纳德·凯恩斯互相指责对方逻辑混乱。2016 年的这场辩论同样如此，张维迎认为林毅夫的"比较优势战略理论"在逻辑上不能自洽，增长甄别法是谬误的。林毅夫认为张维迎推崇的"米塞斯 - 哈耶克范式"是没有市场失灵的，显然是以理论看世界，而不是以真实世界的现象来构建理论。

一个人的思想形成，和他生活的社会环境、时代背景有密切关系。弗里德里希·奥古斯特·冯·哈耶克是奥地利人，高寿（1899—1992），其经济学思想成果主要集中在20世纪30年代至50年代。他经历过一战、二战，战乱巨大，时代动荡，所以十分厌恶极权政府。在其职业生涯后期，他转而研究社会哲学和政治哲学，主张一个以市场秩序为轴心组织的社会（国家的角色仅限于保护必要的市场和个人运作安全）。这种思想，和同样生活于动荡时代的老子的思想是十分接近的。哈耶克认为，对财富生产的控制，就是对人类生活的控制。这种思想，和《道德经》中"我无为而民自化，我好静而民自正，我无事而民自富"的表述很像。后来，哈耶克还反对科学的滥用，这种思想可与庄子反对使用器具进行灌溉进行类比。《庄子·外篇·天地》记载："有机械者必有机事，有机事者必有机心。机心存于胸中，则纯白不备。纯白不备，则神生不定。神生不定者，道之所不载也。吾非不知，羞而不为也。"

显然老子和庄子追求的见素抱朴是自然而然的状态，但如果连使用科学技术（灌溉器具）都要反对的话，显然与使用科学技术提高劳动生产率的目标是不一致的。

这些不同的学术流派，虽然论点完全相反，但从大历史观角度去观察，其实是有共同点的，可以说是价值理性相同（发展经济）、工具理性相反（方法和政府作用），所以在评析他们各自的思想时，应以"同情的理解"或陈寅恪的"了解之同情"[①]的原则去看待，兼听，去芜存菁，各取所长，具体问题具体分析，根据经济、社会发展的主要矛盾，实行切实有效的政策，促进产业升级，实现经济增长。这才是我们的政策取向。

---

① 夏海. 老子与哲学 [M]. 上海：生活·读书·新知三联书店，2016：39.

2. 政府经济学视角下的产业政策观点

哈佛大学政府学系教授詹姆斯·罗宾逊（2017）认为，我们有充分的理由从经济学理论中得出结论：产业政策可以是社会所需要的，并有可能促进经济增长和发展。某些重要的案例能支持这个说法，若干国家的产业政策确实发挥了有益作用，当然也有若干国家的产业政策遭到失败。他进一步指出，成败原因在于采纳产业政策的国家政治环境不同。詹姆斯·罗宾逊是从政治经济学视角来研究产业政策的，论文题目是《产业政策和发展：政治经济学视角》，其论证和事例是合乎逻辑和符合事实的。该论文指出了产业政策成败的另外一个重要原因：经济体内部的政治均衡格局。从这个角度来说，林毅夫的有为政府论，也是产业政策成功的必要条件。

（三）菲利普·阿吉翁的实证研究提供的理论依据

哈佛大学教授、法兰西学院院士、内生增长理论的领军人物、熊彼特增长模型的创建者之一菲利普·阿吉翁（2017）等人，对中国1998—2007年的大中型工业企业数据集进行了实证研究，得出了一些非常重要的结论。下文介绍和分析这个实证研究情况。

1. 四种政策工具与全要素生产率相关性分析

针对这一问题，菲利普·阿吉翁在论文《产业政策和竞争》中认为，管理得当的产业政策，尤其是有利于促进竞争的产业政策，可以促进生产率的增长。如果没有产业政策，富有创新精神的企业可能会选择在不同的产业运营，以避免同类产品之间的激烈竞争，从而形成较高的产业集中度。同时，垄断替代效应（Monopoly Replacement Effect）的存在又会弱化企业进行创新的激励。在这种情况下，税收优惠或者其他税收补贴等鼓励企业在同一产业部门经营的产业政策，可以降低目标产业的集中度，增强企业创新动力。因此，竞争与设计得当的产业政策在催生创新、促进生产率增长方面能够发挥互补作用。

笔者认为，这是一个非常重要的理论观点。菲利普·阿吉翁等人这篇重要的论文原载于《美国经济学期刊：宏观经济学》2015年第7卷第4期，2016年2月刊载于第82期的《比较》杂志上，获得了2016年度孙冶方经济科学奖，也就是在张维迎和林毅夫的辩论之前，但在整个辩论过程中，两位经济学家都没有引用这篇论文的数据和结论，这是令人比较遗憾的地方，或许这也是那场十分重要的辩论，竟然完全在各自的理论、理念和框架下，自说自话、毫无交集的原因之一吧。

我国政府一直积极参与推进工业化进程。产业政策的政策工具很多，包括关税保护、低息贷款、税收优惠以及旨在促进重要部门投资的财政补贴等。菲利普·阿吉翁选取了中国1998—2007年的大中型工业企业数据集，数据库中的合格样本值高达1 069 563个。对如此大量的样本数据进行测算和分析，得到的结果是稳健的。

对于这些数据，检验其在竞争条件下（用勒纳指数衡量）对全要素生产率的影响，以及在不同政策和不同产业集中度情况下（用赫芬达尔指数衡量）对全要素生产率的影响。为简化说明，表1摘取了部分重要数据。

表1第一行显示了从政府获得正补贴（Positive Subsidies）的企业的占比。1998年，约9.4%的企业获得了补贴。2000—2004年，这一比例稳步攀升。

表1 汇总统计

政策	1998	2000	2001	2002	2003	2004	2005	2007
补贴企业占比（%）	0.0937	0.11	0.115	0.129	0.138	0.151	0.137	0.124
税收减免企业占比（%）	0.416	0.453	0.441	0.443	0.456	0.419	0.454	0.497
利息支付与流动负债占比（%）	0.0557	0.0413	0.0366	0.0340	0.0319	0.0268	0.0313	0.0330

（续表）

政策	1998	2000	2001	2002	2003	2004	2005	2007
平均进口关税率（%）	19.48	18.68	13.84	13.58	12.23	10.91	10.17	10.12

表1第二行显示的是同一时期获得税收减免待遇的企业的占比。很大一部分制造业企业同期的税率低于法定税率。享受税收减免待遇的企业1998年占比41.6%，2007年增加到了近50%。

表1第三行列出了利息支付与流动负债之比的平均值。1998年，有利息支出或债务的企业，为流动负债所支付的平均利率为5.57%。同一时期，利率稳步降低，继2004年降至约2.7%的低点后，2007年升高到了3.3%。

表1最后一行列出了1998—2007年的平均进口关税率。因为关税率是国家按部门制定的，所以同一部门内不同类型企业的关税率并没有显著差异。在考察期内，平均进口关税率显著降低，从1998年的19.48%，降低到了2007年的10.12%。相比之下，美国在最近几十年的平均进口关税率一直低于5%。中国平均进口关税率降幅最大的年份是2001年，也就是中国加入WTO的那一年。

由表2可知，补贴指数和全要素生产率的相关系数是0.0275，税收指数的是0.108，利率指数和最终关税的相关性都是负数，分别是 -0.0106和 -0.118。总体而言，这些相关性表明，一些产业政策，比如补贴和税收

表2 产业政策的四种工具对企业全要素生产率的影响

	补贴指数	税收指数	利率指数	最终关税	全要素生产率用OP回归方法测算
补贴指数	1				
税收指数	-0.0047	1			
利率指数	-0.0248	-0.0087	1		

（续表）

	补贴指数	税收指数	利率指数	最终关税	全要素生产率用 OP 回归方法测算
最终关税	-0.0373	-0.0113	-0.016	1	
TFP_OP	0.0275	0.108	-0.0106	-0.118	1

注：1. 补贴指数、税收指数和利率指数是虚拟变量，如果企业获得了补贴、税收减免或其利率低于平均贷款利率，即对应的虚拟变量赋值为1。

2. 全要素生产率的测算采用 OP（Olley-Pakes）方法（一种基于成本函数的方法）。

优惠，与企业的创新显著相关；而关税等其他阻碍竞争的产业政策，则与企业创新之间的相关性不显著。

菲利普·阿吉翁等人的论文，还验证了四种产业政策和竞争之间的关系（用勒纳指数衡量），四种产业政策和产业集中度之间的关系（用四种产业政策的赫芬达尔指数衡量），以及与全要素生产率的关系，最后得到以下结论：①一个部门的竞争程度和税收/补贴政策的效果之间具有互补性，也就是说这种政策能促进竞争，而竞争有助于提升全要素生产率。②产业政策能够被配置到更有竞争性的（通常是更年轻的）企业中，那么企业的生产率会以更快的速度提高，会达到上述政策效果的两倍甚至三倍。③补贴和税收优惠作为产业政策工具时，能够促进竞争性部门的生产率；而以低息贷款和关税为政策工具时，前述结论不成立。

笔者认为，这些结论对于如何实施有效的产业政策具有非常重要的启示作用，尤其是当下美国以关税保护为贸易战的主要手段，我们可以更有战略定力，按自己的步骤，坚持市场化，坚持对外开放和对内改革，继续促进竞争，让市场在资源配置中起决定性作用，同时更好地发挥政府的作用，实现更高质量的经济发展。

2. 税收优惠比财政补贴在产业政策中起到的作用更好

菲利普·阿吉翁等人通过实证分析得出结论：在初始竞争激烈的部门，

使用税收优惠和财政补贴作为产业政策工具，能够提升企业的生产率。

下面进一步分析：是使用税收优惠更优，还是使用财政补贴更优？从数据上来看，补贴指数和全要素生产率的相关系数是 0.0275，税收指数是 0.108，显然税收的相关度更高。

一是税收与竞争互补。竞争可以促进效率。经过菲利普·阿吉翁等人的验证（通过勒纳指数衡量），税收和竞争是互补的。也就是说，税收减免反而有利于产业内部的竞争，避免垄断替代效应，使企业致力创新，从而提升生产率。

二是减免税收可以降低政府干预扭曲。上文列示了税收相对于补贴，与全要素生产率具有更大的正相关。但是相关性，还不是因果关系。税收减免和提升全要素生产率之间存在因果关系吗？答案是肯定的。这是因为，理论上的最优税制，对于经济是中性的；但现实中的税收，显然不是中性的。从消费角度考量，增值税就是累退性质的，即越是低收入阶层，其消费中负税的比例就越大。从投资角度考量，对于代表着新质生产力发展方向的高科技企业来说，增值税税率是累进的。也就是说，越是高科技企业，其实际适用的税率越高。在 2009 年以前，我国实行的是生产型增值税，生产型增值税的特点是机器、设备、建筑物等固定资产不可抵扣。对于高新科技企业来说，最大的成本分两部分：一是员工工资，智力密集型；二是机器设备，资本密集型。这类企业，比如集成电路企业，既不可抵扣工资，又不可抵扣设备，实质上对企业的发展起到了抑制作用。而通过税收优惠，特别是嵌入式软件的增值税即征即退，实质上降低了政府的干预性扭曲，赋能新质生产力的发展。

三是经济手段更加有效率。税收调节属于经济手段，因税收优惠而节存的资金，企业可用于投资、发工资、存货周转，比较自由；而财政补贴往往有支出方向的要求和规定，这种行政干预对企业的自主决策有影响。从张维迎的论述和公众的日常认知中，都可以感受到财政补贴的低效率。冯兴元（2017）指出："补贴的瞄准度一般很差，100 笔企业补贴发下去，能够有5%发挥作用就不错了。"冯兴元还进一步指出，政府部门提供补贴相当于"设租"，即创设某种额外的好处；而申请补贴，就存在"寻租"的可能，即寻找额外的好处。众多骗补的案件和例子都在证明这一点。可见，税收的效率更高。

四是普惠性质更加公平。税收优惠是符合条件即可享受，不具有排他性，比财政补贴更加公平。比如国家级高新技术企业适用15%的税率，这是整个群体都平等适用的；再如嵌入式软件3%超税负返还，也是一样，只要符合嵌入式软件条件的，同体适用。显然，财政补贴不可能这样。"补贴不能到处'撒芝麻'，必须有一定的集中度。"（冯兴元，2017）因为不能做到同体适用，也就是会出现政府"有形之手"挑选"优胜者"甚至"失败者"的情况，这正是经济学家反对产业政策的重要原因，也是产业政策失败的重要原因，因为在这种情况下，公平无法得到保证。

综上，制定产业政策时应该更依靠税收优惠还是财政补贴，答案是不言而喻的。换句话说，税收政策应该在产业政策中发挥更为重要的作用。

三、税收优惠促进产业进步的深圳实践

2020年10月14日，习近平总书记在深圳经济特区建立40周年庆祝大会上指出，深圳"用40年时间走过了国外一些国际化大都市上百年走完的历程。这是中国人民创造的世界发展史上的一个奇迹……地区生产总值从1980年的2.7亿元增至2019年的2.7万亿元，年均增长20.7%，经济总量位居亚洲城市第五位，财政收入从不足1亿元增加到9 424亿元，实现了由一座落后的边陲小镇到具有全球影响力的国际化大都市的历史性跨越"。

在40年的发展过程中，尤其是在改革开放初期，在中央的大力支持下，深圳充分发挥地方积极性，在制定经济政策时充分考虑深港两地经济市场同一性的要求，在税收政策上以"税负宜轻、优惠宜宽、手续宜简"

为指导思想，以"服务、扶持、促进、发展"深圳经济为宗旨，本着"经济决定税收，税收服务于经济"的思路，充分运用中央赋予深圳经济特区的税收优惠政策，大胆探索、改革，逐步形成了适应深圳经济发展要求的政策。1994年后，全国逐步统一税制，继续积极运用税收政策手段，主动引导、促进经济发展和产业升级。深圳实践证明，以税收优惠为起点的税收政策，可以促进产业进步，在深圳经济结构转型升级的不同时期都发挥了重要作用。

（一）税收优惠促进深圳产业进步的实践

40年来，深圳产业经历了"深圳加工"—"深圳制造"—"深圳高科技"—"深圳 ICT 产业集聚"的转型升级过程。在深圳经济的历次转型升级中，税收优惠都发挥了积极的促进作用。

1. 1980—1993年，税改前的深圳税收实践

改革开放之初，深圳和香港两地经济发展水平差距巨大。1980年，香港地区生产总值是 1 436.19亿港元，深圳地区生产总值为2.7亿元人民币，两地经济差距达数百倍。改革开放后，深圳一方面承接了香港溢出的产业，另一方面在制度层面向香港学习，实行了有较多优惠的经济特区税收政策，促进了经济快速发展。

（1）1980—1993年深圳经济特区税收制度的主要内容

1980—1993年，深圳税收制度的主要特点：①税种少。1980年，深圳仅开征8个税种，远低于全国其他地区开征的税种数。②税率低。比如1980年，我国国营企业的所得税税率为55%，而深圳的企业所得税税率参照香港的水平设定为15%。③优惠多。比如对于"三来一补"企业，从企业取得第一笔工缴费收入的月份起，三年内免征企业所得税和工商税，对"三来一补"企业加工复出口的收入不征收企业所得税。外国企业和外商

投资企业自获利年度起，企业所得税"两免三减半"。后来，又将这个优惠从外资延伸到内资，实现了内外资税收优惠的统一。

深圳经济特区的税收制度源自中共中央、国务院批转广东省委、福建省委《关于对外经济活动实行特殊政策和灵活措施的两个报告》，对两省的对外经济活动实行特殊政策和灵活措施。1984年，国务院进一步明确了深圳经济特区税收优惠政策，包括保持企业所得税税率15%；除一些特殊商品外，在深圳经济特区内生产并销售的货物免征增值税。

深圳在改革开放初期的宏观税负处于低水平。1980—1984年，税负基本维持在5%左右。1985—1993年，税负基本位于10%左右。[1] 在经济发展水平低的时候，税负较低，正是"适度税负"的政策目标。

（2）实行深圳经济特区税收制度，促进"深圳加工"的快速发展

在一个开放经济体中，产业顺着要素比较优势进行流动。20世纪60年代，西方国家进入工业转型期。因为人口增长率下降和工资上升，美、日等国逐渐发展钢铁、化工、汽车、机械等出口导向型资本密集工业，需要将劳动密集型产业转移。"亚洲四小龙"抓住了这次产业转移的机会，集中力量发展服装、塑胶、玩具、钟表、化工等轻工业。到了60年代末，香港制造业产值占本地生产总值的30%，产品出口比重由50年代初的10%，增加到80%左右。[2] 深圳经济特区建立后，在"四个为主"方针[3]下，由于存在巨大的要素比较优势（劳动力无限供给、土地成本低）等，从蛇口工业区开始，自然而然地承接了香港转移过来的加工工序。来料加工被引进了深圳，开始向"深圳加工"的进程推进。

在要素比较优势和税收优惠的鼓励下，从改革开放初期的80年代开

---

① 陈应春. 深圳财税20年 [M]. 深圳：海天出版社，2000：252.

② 张军. 深圳奇迹 [M]. 北京：东方出版社，2019：116.

③ 即建设资金以吸收和利用外资为主，经济结构以中外合资和外商独资经营企业为主（本质是以工业为主），企业产品以出口外销为主，经济活动在国家计划经济指导下以市场调节为主。

始，深圳加工逐渐取代了香港加工：1980—1984年，深圳工业总产值增长了5.5倍[①]，其中70%以上是由来料加工企业创造。到了1990年年底，深圳办理了税务登记的来料加工企业有7 180户，这些企业的总产值相当于全市工业总产值，利用外商不作价设备的总值相当于"三资"企业外商实际直接投资的总和，可见当时"三来一补"在深圳经济中的地位。

（3）免征工商税，促使"深圳制造"迅猛发展

1984年1月，邓小平同志视察深圳，对深圳经济特区的快速发展予以充分肯定，指出"深圳的发展和经验证明，我们建立经济特区的政策是正确的"。随后，党中央和国务院决定将沿海14个城市全面开放，形成东部沿海对外开放的战略大格局。[②] 1984年11月颁布的《国务院关于经济特区和沿海十四个港口城市减征、免征企业所得税和工商统一税的暂行规定》，对深圳经济特区企业从事生产、经营所得和其他所得，减按15%的税率征收企业所得税；免征机器设备、原材料、零部件、交通工具及其他生产资料的进口工商统一税；生产的产品除各种矿物油、烟、酒减半征收外，其他产品免征工商统一税。这也是后来"地产地销"免征增值税政策的渊源。

深圳经济特区建立之初，工业基础十分薄弱。与内地企业资金来源相当一部分依靠财政拨款不同的是，深圳企业的资金主要依靠自筹或银行贷款，大多数企业是负债经营，利息负担重。税收优惠政策大大减轻了企业的税收负担，增强了企业自我发展、自我积累的能力。在深圳经济特区内生产的产品，在深圳经济特区内销售，免征工商统一税，推动了深圳制造业的快速发展。

根据地区生产总值的核算方法，工业增加值＝总产出－中间消耗。

---

① 钟惠坡."三来一补"存在的问题和对策：深圳市"三来一补"企业的经营情况和税收政策问题的调查报告[J].涉外税务，1992（5）：3-10.

② 张思平.深圳奇迹：深圳与中国改革开放四十年[M].北京：中信出版社，2019：6.

对"三来一补"企业而言，总产出和中间消耗的差很小，所以"三来一补"企业对工业增加值的贡献很小。1983年，深圳工业增加值超过1亿元，1985年突破10亿元大关，1992年超过了100亿元。^① 这些数据说明"三来一补"以外的制造业迅猛发展。十年多的时间，深圳完成了从"深圳加工"到"深圳制造"的转变。

2. 1994—2007年，税改后的深圳税收实践

深圳的发展奇迹，是各项制度变革共同促成的。1994—2007年是深圳经济从"深圳制造"迈向"深圳高科技"的发展时期，税收制度实践推动了这个进程。

（1）停止"三来一补"项目审批，为向高科技产业转型提供了发展空间

经济发展的实质就是全要素劳动生产率提升，产业结构持续优化的进程。从当时"亚洲四小龙"之一——台湾的发展经验来说，1960—1990年实施奖励投资条例，以10年为一个阶段。第一个10年，目标是扩大出口；第二个10年，目标是产品进口替代；第三个10年，目标是产业结构优化，产业升级。20世纪90年代初期，深圳市税务局审时度势，深入调研，认为深圳当时的经济已经处于台湾经济起飞的第二个10年的阶段，投资形势和内容都已经发生了重大变化，税收政策作为重要产业引导工具，应该做出实质性调整。在深入调研的基础上，深圳市税务局向国家税务总局和地方党委政府提交了《"三来一补"存在的问题和对策——深圳市"三来一补"企业的经营情况和税收政策问题的调查报告》^②，说明"三来一补"企业在税收管理上存在四个漏洞：①三年免税优惠使不少企业长期合法逃税；②纳税申报不实，税基严重侵蚀；③外籍员工的个人所得税管理空

---

① 苑伟斌.3.68万亿元 深圳规上工业总产值位居全国大中城市首位[N].深圳商报，2020-07-07（A04）.

② 主要内容发表在《涉外税务》1992年第5期上。

白；④下热上冷，管理力量薄弱。该报告还指出"三来一补"企业占用大量土地、人力、能源和政府公共服务资源，与税收贡献不匹配的问题，并提出了具体政策调整建议。

这份报告得到了当时国家税务总局主要负责人的高度重视，指示要把"三来一补"的税收政策和征收管理作为涉外税收工作的一项重点来抓。时任深圳市委书记李灏也高度肯定和重视，指示有关部门深入研究，进行综合治理。1994年，深圳市委、市政府决定在特区内停止审批"三来一补"项目。这有助于破解深圳面临的"四个难以为继"问题（土地、空间有限和能源、水资源紧缺），为深圳的高科技产业发展提供了空间。

1996年，深圳市政府决定对原"三来一补"工业园区进行整合，当年5月组建了深圳市高新技术产业园区，同年9月国家科委批准其成为国家级高新技术园区。这个园区位于深圳市南山区粤海街道，华为、中兴通讯、腾讯、大疆、柔宇等众多著名的高科技企业都诞生或位于这个园区。截至2000年，国内外高科技企业累计入园投资总额104.35亿元。[①]这说明，深圳走向了以高新技术产业为主导产业的发展阶段。

（2）实施"地产地销"政策，为深圳制造业发展争取了缓冲时间

1994年1月1日，全国施行生产型增值税，标准税率为17%，且机器设备、固定资产、人员工资不可抵扣。彼时深圳的高科技产业已经起步，高科技企业是典型的资本密集型（包括人力资本）企业，17%的增值税将给这类企业带来很大的负担。深圳积极争取到继续实施"地产地销"的政策，即在深圳特区内生产并销售的货物免征增值税。1997年，经深圳市政府批准，对于注册地在深圳特区，生产场地在宝安、龙岗（当时的非特区，俗称"关外"的两区）的企业，也适用"地产地销"政策。"地产地销"政策直到2003年才完全停止执行。从1984年免工商统一税，到1994年开始免增值税，长达20年的税收优惠，为深圳制造业，特别是高科技产业的

---

① 张军. 深圳奇迹 [M]. 北京：东方出版社，2019：336.

发展，轻税"上阵"，创造了优良的税收环境。

（3）落实嵌入式软件产品退税政策，为深圳集成电路产业的发展提供"加速器"

21世纪，信息革命席卷全球。在此背景下，为推动我国软件产业和集成电路产业的发展，增强信息产业创新能力和国际竞争力，2000年《国务院关于印发鼓励软件产业和集成电路产业发展若干政策的通知》(国发〔2000〕18号)对软件企业和集成电路企业予以投融资、产业技术、税收等优惠政策。在税收政策方面，除了对国家规划布局内的重点软件企业实行减按10%低税率征收企业所得税和对新创办软件企业自获利年度起享受企业所得税"两免三减半"以外，更重要的是，对软件产品的增值税实际税负超过3%的部分实行即征即退，对集成电路产品增值税实际税负超过6%的部分实行即征即退。①2004年3月，美国在WTO对我国集成电路产业即征即退政策进行反补贴诉讼，当年起，我国停止对集成电路企业增值税即征即退，但对软件产品（包括嵌入式软件产品）则继续实施税负超过3%部分即征即退。

当时的深圳市国家税务局积极落实国家税务总局关于嵌入式软件产品"四分开"②申报办法，支持、服务深圳市软件企业和集成电路企业用好、用足这些税收优惠政策。2003年年底，在税务部门的政策辅导下，中兴通讯主动适应政策要求，成立全资中兴软创公司，享受嵌入式软件产品增值税即征即退政策。中兴通讯是全国第一家根据税收政策调整要求，通过优化企业架构方式享受税收优惠，降低增值税税负的公司。之后，华为也成立了类似的软件公司，享受嵌入式软件产品增值税即征即退政策。增值税即征即退政策的落实，大力推动了我国软件产业和集成电路产业的发

① 国务院办公厅.国务院关于印发鼓励软件产业和集成电路产业发展若干政策的通知[EB/OL].（2000-06-24）[2021-02-04].http://www.gov.cn/gongbao/content/2000/content_60310.htm.

② 即合同分开、发票分开、进项税额分开、增值税申报分开。

展。相关资料表明，2000—2004年，中国半导体行业的平均增长速度超过30%，比全球半导体行业平均增速高3—4倍[①]。国发〔2000〕18号文件对中国集成电路产业发展起到了历史性的推动作用。

3. 从2008年至今，企业所得税法[②]统一后的深圳税收实践

2008年1月，企业所得税法施行。从大的税收制度和主体税种来说，深圳已经无区域性的税收优惠了，但深圳税务部门在落实税收政策方面积极作为，利用好"两过渡"和做好高新技术企业认定服务工作，为ICT产业集聚效应的形成做出了贡献。

（1）实施"两过渡"政策，平衡"四统一"的影响

企业所得税法实现了"四统一"：内外资企业所得税制度统一，企业所得税税率统一，税前扣除标准统一，优惠政策统一。同时，为使新老政策平稳过渡，国家实施了企业所得税"两过渡"政策：一是对企业所得税法公布之前已经注册成立的企业，可以在一定时期内逐渐过渡到新税率；享受定期减免税优惠的，可以继续享受完毕；还没有开始享受的，可以从2008年1月1日起按照原定期限享受完毕。二是为了体现经济特区的窗口作用，特别是在科技发展方面的作用，在5个经济特区和上海浦东新区的高新技术企业、国家重点扶持的高新技术企业，可以继续享受"两免三减半"的优惠政策。在"两过渡"政策下，深圳企业所得税税率分5年过渡到25%：2008年按18%税率执行，2009年按20%税率执行，2010年按22%税率执行，2011年按24%税率执行，2012年按25%税率执行。"两过渡"政策的实施，平衡了"四统一"后税率上升对深圳企业的影响。对高新技术企业继续实施"两免三减半"，助力了深圳高新技术企业的发展。

[①] 郑迪.杨学明：扶持半导体产业没有政策真空 [N].21世纪经济报道，2005-04-07.

[②] 即《中华人民共和国企业所得税法》，简称企业所得税法。

（2）大量企业享受高新技术企业优惠税率，助力 ICT 产业链形成

产业集聚的形成需要数量庞大的高新科技企业形成产业链的上下游。根据企业所得税法，高新技术企业适用15%的优惠税率。高新技术企业的认定需要满足《高新技术企业认定管理办法》的若干条件。深圳市税务部门积极辅导符合条件的科技企业申请认定高新技术企业资格。2016年年底，全国高新技术企业10.4万家，广东省1.9万家。其中，深圳8 037家，约占广东省的42%；而广州的高新技术企业为4 744家，约为深圳的一半。[①] 到了2019年，深圳的高新技术企业达1.7万家，还有5万家中小科技企业，实现产值2.6万亿元，增加值9 200多亿元，占深圳地区生产总值的比重超过34%。[②] 高新技术企业成为深圳第一支柱产业和主要经济增长点，并且形成了 ICT 产业链。

（二）深圳税收实践形成的主要经验

从税收优惠促进深圳产业进步的实践可知，深圳改革开放40年发展奇迹的产生，税收的激励、引导、调控作用功不可没。税收助力深圳经济发展的成功经验，关键是做到了"三个坚持"，即坚持税收经济观，坚持税收质量观，坚持税收调控观。

1. 坚持税收经济观，以促进经济、社会快速发展为税收政策的首要目标

深圳经济特区成立的主要目的之一，就是"杀出一条血路来"，对标

---

① 张军.深圳奇迹[M].北京：东方出版社，2019：198.

② 国务院办公厅.国务院新闻办就深入学习贯彻习近平总书记在深圳经济特区建立40周年庆祝大会上的重要讲话精神 扎实推动深圳综合改革试点落地见效有关情况举行发布会[EB/OL].（2020-10-18）[2021-02-04].http：//www.gov.cn/xinwen/2020-10/18/content_5552184.htm.

"亚洲四小龙"，"能快就快"，奋力赶超，以"三个有利于"为标准，努力实现经济、社会的快速发展，以体现社会主义国家的优越性。在此背景下，深圳的税收政策以促进经济、社会快速发展为首要目标。

深圳经济特区建立之初，百废待兴、资金匮乏，财政收入远远不能满足特区开发建设需要，大量建设资金只能靠引进外资。这时，借鉴香港经验实行特殊的税收政策成为必然选择。深圳经济特区的税收政策，以"税负宜轻、优惠宜宽、手续宜简"为指导思想，以"培育税源、扩大税基"为基本原则，以"服务、扶持、促进、发展"深圳经济为宗旨，本着"经济决定税收，税收服务于经济"的思路，充分运用国家赋予深圳经济特区的较大的税收政策自主权，积极探索、大胆改革，逐步形成适应市场经济发展要求的税收政策。

实践证明，深圳经济特区税收政策充分体现了税收经济观，助力深圳经济实现了快速发展。1980—1999年，深圳地区生产总值按可比价格计算，增长了229倍，平均每年增长达31.2%。[①]这为深圳用40年时间，走过国外一些国际化大都市上百年走完的历程，打下了坚实基础。

2. 坚持税收质量观，以实现经济税收良性循环为税收政策的基本任务

衡量税收质量，最直观的就是看税收政策是否促进了经济发展，并从经济发展中获得更多的税收。深圳始终坚持税收质量观，用税收质量评价产业，并以此作为产业选择的重要依据。比如对"三来一补"企业的发展，从鼓励到限制，其中一个重要原因就是"三来一补"的税收贡献，与其当时在深圳产业体系中的地位及对政府服务、公共设施的消耗和占用相比，都是极不相称的。税务部门从税收质量出发，推动经济政策调整，促成深圳停止审批"三来一补"项目，为深圳产业转型升级提供了空间，为深圳

经济和税收高质量发展提供了前提与基础，充分体现了坚持税收质量观的意义。

坚持税收质量观，促进了深圳税收和经济的高质量发展，形成了经济和税收的良性循环。深圳的宏观税负水平随着经济发展逐渐提升：1980—1984年，税负基本维持在5%左右；1985—1993年，税负基本位于10%左右；1994—1999年，税负水平持续上升，从11.4%上升到16.0%，高于全国平均水平。[①] 可以看出，深圳初期的税收优惠政策不仅促进了经济的快速发展，而且在后期带来了更多税收收入，实现了税收和经济的良性循环。此外，在深圳税制结构中，流转税、所得税"双主体"特点非常明显。在深圳2019年的税收收入中，增值税收入2 334.05亿元，所得税收入2 829.53亿元（其中企业所得税收入2 088.73亿元，个人所得税收入740.8亿元）。直接税与间接税主体税种收入基本相当，两者之比是1.21∶1。税制结构的"双主体"特征，也反映了深圳的经济发展质量和税收质量较高。

3. 坚持税收调控观，以助力产业结构优化升级为税收政策的重要职能

调控经济是税收的重要职能，相机抉择的税收政策是调控经济的重要手段。深圳40年来每次经济转型、产业升级，税收都发挥了重要的导向作用。根据罗默增长理论，科技进步是经济增长的内生变量，科研具有正的外部性，政府应对企业科研进行财税支持。[②] 正是基于此，国家对从事软件产业、集成电路产业等产业的高新技术企业制定了税收优惠政策，深圳税务部门积极落实，推动了深圳软件产业和集成电路产业的发展、集聚，助力深圳成为"中国硅谷"。

---

① 陈应春. 深圳财税20年 [M]. 深圳：海天出版社，2000：251-253.

② 朱勇. 罗默的新增长理论述评 [J]. 中国人民大学学报，1997，11（5）：19-24.

四、税收优惠作为产业政策工具应坚持的原则及政策建议

上文"税收优惠促进产业进步的理论依据"从经济学理论和实证研究方面回答了税收优惠是有效的产业政策工具,"税收优惠促进产业进步的深圳实践"从深圳税收实践角度证明了税收优惠在促进产业进步方面的重要作用,在此基础上,下文提出以税收优惠为产业政策工具应坚持的一些原则,以及对新发展格局下税收政策的具体建议。

(一)促进产业进步的税收优惠运用的基本原则

综合上述分析,鉴于产业政策的成败案例不胜枚举,失败的案例可能比成功的案例更多,所以以税收优惠为产业政策工具时,应考虑以下一些基本原则。

1. 谨慎应用原则

目前中国已经走过了完全依靠要素投入、人口红利的发展时期,当前熊彼特式和罗默式的增长,即依靠企业家精神实现创新和技术进步,应是发展的主流模式。芯片的发展,归根到底也要依靠这种企业家精神。同时,政府要为芯片生态体系的构建提供资金、人才等各种支持。刘鹤(2001)指出:"中国要像尊重科学家一样尊重企业家。"在这种共识下,政府永远不可能替代企业和市场行为。胡伟武(2018)回顾了龙芯发展经历的三个岔路口,第一个岔路口是留在体制内还是市场化,最后决定只能是市场化。华为、阿里巴巴等公司的发展,也是企业家精神"五个创新"的发展,所以产业政策的应用,只能提供助力,而不是替代企业决策和经

营。所谓"谨慎应用原则",就相当于刑法 [①] 中的谦抑原则,即只在市场失灵时或实施不可替代的国家战略时应用。

2. 促进竞争性原则

市场机制是技术革新和结构调整的内在推动器,主要是通过竞争机制来进行。在推行产业政策时,一定要保持竞争机制的正常运行。在开放经济中,闭关锁国或者贸易壁垒(包括关税和非关税)都不会带来技术的革新和进步;只有在市场竞争中成长起来的产业,才可能真正有发展潜力。当然,根据"幼稚产业理论",需要用时间去换空间;但归根到底,成长和强大需要面对的是市场选择。促进竞争性原则,就是在产业政策层面只给鼓励和扶持方向,而不是由政府"有形之手"直接去挑选"优胜者",甚至"失败者"。

3. 坚持经济手段原则

该不该有产业政策,其实质就是承不承认存在市场失灵的现象。如果承认市场失灵,那么就应该进行干预。林毅夫信奉的"新古典经济学范式",认为存在市场失灵的问题;而张维迎信奉的"米塞斯 - 哈耶克范式",不承认存在市场失灵的问题。但在现实社会中,我们看到市场失灵是客观存在的。导致市场失灵的原因主要有三个:一是外部性,二是不完全竞争,三是信息不对称。以外部性为例,纠正外部性,通常有经济手段、法律手段和行政手段,要使产业政策成功,应该坚持以经济手段为主,辅以法律手段,尽可能避免使用行政手段。

4. 符合 WTO 规则原则

市场经济是法治经济。在开放经济体中,法治精神的表现之一是坚

---

① 即《中华人民共和国刑法》,简称刑法。

持契约精神，也就是契约自由、契约平等、契约信守和契约救济的精神。2001年，我国加入WTO后，随着海外市场的拓展，有效地促进了经济发展，但贸易纠纷和摩擦也时有发生。比如2004年3月18日，美国就向WTO提出诉讼请求，指出我国的集成电路产业即征即退政策违反了WTO规则，导致后来调整了这个政策。美国制裁中兴事件，也与企业管理层没有严谨把握国际法规或规则有一定关系。所谓"得道多助，失道寡助"，在产业政策实施过程中，我们也应该"信"字为先，认识国际规则、参与国际规则、遵守国际规则，并争取更大的国际规则话语权，为经济、社会发展服务。

5. 支持先进技术原则

张维迎的"无知论"，指出先进技术是无法预知的。但其实对于发展中国家来说，发达国家的许多技术就是先进技术，是可以学习、吸收和赶超的。在这方面，美国的做法可以为我们所借鉴。比如页岩气是洁净的新能源，美国1978年就制定了《天然气政策法案》，通过立法保证非常规天然气开发的税收和补贴政策；2004年出台《能源法案》，规定10年内政府每年投入4 500万美元用于支持非常规天然气的研发。正是因为有这样支持新技术发展的产业政策，目前美国页岩气成本仅略高于常规气，使美国成为世界上唯一实现页岩气大规模商业性开采的国家。支持先进技术原则，就是要用产业政策来支持先进技术的研发，而不是直接对生产出来的终端产品进行补贴。以我国为例，目前对新能源车有大量政府补贴，但真正的长久之计是对储能器件研发的大力支持。芯片产业由于其重要性和特殊性，更需要相应的产业政策进行持续支持。

6. 程序简便原则

所谓"程序简便"，就是要"让经费为人的创造性活动服务，而不能让人的创造性活动为经费服务"。这意味着要着力改革和创新科研经费使用和管理方式。对于作为主要产业政策工具的税收优惠政策而言，同样应该如此。比如《财政部 国家税务总局关于进一步鼓励软件产业和集成电路产业发展企业所得税政策的通知》（财税〔2012〕27号）规定了可以享受企业所得税优惠的企业范围、认定标准、申报程序等，但实际上有不少集成电路企业不了解这些要求，没有享受到。所以程序简便，如资料精简、申报快捷，是落实好产业政策必不可少的一环。

（二）新发展格局下的税收政策建议

上述理论分析和实践已经证明了，符合经济发展需要的税收政策，可以促进经济发展、产业进步。当前，我国已经进入了新发展阶段。自2020年5月以来，习近平总书记多次提出，要逐步形成以国内大循环为主体、国内国际双循环相互促进的新发展格局。此时，税务部门正确认识新发展格局，选择好新发展格局下的税收优惠政策十分重要。

1. 正确认识双循环的新发展格局

以国内大循环为主体，既是大国经济的现实，也是必然。

首先，以国内大循环为主体，是大国经济逐渐演进的过程。2001年，我国加入WTO，国外市场得到了很大的拓展，外贸出口总额占GDP的比重一度呈现逐渐增长的态势。2001年，我国出口总额占GDP的比重为19.9%。之后，这个数字逐年上升，2002—2006年分别为22.1%、26.4%、30.3%、33.4%、35.4%。从2006年开始，外贸出口总额占GDP的比重呈现缓慢下降的趋势。到了2019年，这个比重已经下降到17.4%。（见图1）

从净出口数据来看，2001—2019年出现了两个波峰：一个是在2007年，也就是在我国加入WTO后，外贸出口总额占GDP的比重稳步上升，净出口总额占GDP的比重也随之上升，2007年达到了7.5%。2008年，全球金融危机爆发，国际市场出现了大震荡，国际需求逐渐低迷，我国净

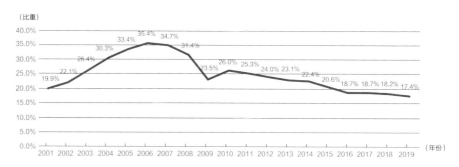

图1 我国2001—2019年出口总额占 GDP 的比重

注：图1中的数据来源于国家统计局。

出口总额占 GDP 的比重也随之下降。直到2011年，在美国等西方国家无限量化宽松的货币政策刺激下，国际需求才逐渐稳定，我国净出口总额占 GDP 的比重出现了反弹，最高点出现在2015年，当年净出口总额占 GDP 的比重为5.3%，但比第一个高点（7.5%）低了2.2个百分点。从2015年开始，我国净出口总额占 GDP 的比重又呈现逐年下降的趋势。2018年，美国开始对我国实施贸易战，由于进出口总额比出口下降的幅度还要大，2019年净出口总额占 GDP 的比重反而出现了小幅度的上扬；但总体来说，净出口总额占 GDP 的比重在低位（2%—3%）逐步"收敛"和稳定。（见图2）这个过程就是我国经济逐渐向以国内大循环为主体、国内国际双循环相互促进而演变。林毅夫（2020）、姚洋（2020）、龙小林（2020）曾从不同角度对此进行过论述。

其次，以国内大循环为主体，是应对"世界百年未有之大变局"，实现中华民族伟大复兴的战略选择。从图2可知，2019年，我国净出口总额占 GDP 的比重比2018年有所上升，但仍然低于2010年。2018年是美国对我国出口产品开始课征25%关税的一年。除了加征关税，美国还将华为、中广核等我国技术先进的企业及部分科研院所列入了"实体清单"，给我国高科技企业和产业发展带来了很多困难。"世界百年未有之大变局"，实

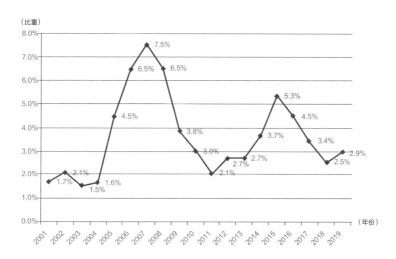

图2 我国2001—2019年净出口总额占GDP的比重

注：图2中的数据来源于国家统计局。

际上就是中华民族伟大复兴的过程，也是中华民族在世界经济、政治秩序中发挥更大作用，话语权不断提升的过程。这绝对不是敲锣打鼓，轻轻松松就可以完成的，而是应该保持战略定力，坚持底线思维，在高质量开放的同时，对一些基础性、关键性的产业、技术和环节，比如芯片产业、操作系统等，做到自主可控。所以坚持以国内大循环为主体、国内国际双循环相互促进的新发展格局，也是实现我国发展目标的主动战略选择。

2. 正确理解双循环新发展格局的实质和要求

上文论证了我国经济发展应该更加重视国内大循环，以国内大循环为主，但没有从概念、结构、条件上解析什么是双循环新发展格局，如何才能建立新发展格局。

对双循环新发展格局内涵的准确把握，要从"破"和"立"两个方面去展开。

首先，在"破"方面，重点解决为什么我们要探索建立新发展格局。

这是由我国发展阶段、发展目标和外部环境的变化决定的。在经济总量上，我国经济规模已达100万亿元，人均GDP超过了1万美元，已经初步进入了中等收入国家的行列。与此同时，我国尚有6亿人处于低收入水平，国家发展的不平衡、不充分，与人民群众对于美好生活的向往之间的矛盾突出。在产业发展上，美国对我国部分高科技企业实施极限"封杀"，科技和产业上"卡脖子""断链子"的痛点将影响中华民族伟大复兴的进程。在资源环境上，以人口红利、资源消耗和环境破坏为代价的初级产品加工出口发展模式不可持续。这些都是新发展格局下需要面对和解决的问题。

其次，在"立"方面，要通过深化改革开放，"构建完整的内需体系"，使中国巨大的国内市场具有更高的开放度、安全性和流动性；使全球具有创造性的生产要素在我国这个巨大市场循环起来，形成我国在新阶段发展的内生动力；使我国经济发展成果更加依赖国内力量，更加造福于全国人民。

在上述"破"与"立"的基础上，应该聚焦于如何"立"得起来，要对一些似是而非的政策建议加以甄别。应该说，理论界、学术界都进行了初步讨论，但对于具体的政策建议，尤其是税收方面的政策建议，还应该小心求证、认真甄别，避免一些似是而非的观点的传播，影响市场主体的信心。比如贾根良（2020）认为，以贸易保护为基础的进口替代，是落后国家产业升级的基本途径和自主创新的基础，并建议通过实施关税壁垒，进行"幼稚工业保护"，甚至提出要对输美产品征收出口税，取消对美产品出口等。这显然与双循环新发展格局下，需要更高质量的开放不相符。刘元春（2020）认为，实现国内大循环需要在思想上达成新共识，及时澄清各种错误理念，防止有人在没有很好地理解双循环的基础上，宣扬一些偏激的、落后的思想，比如闭关锁国、从国际产业链上脱钩等。了解哪些政策建议不合适，是进行政策探索、筛选、确立的必要过程，所以对各种政策进行甄别、评估，也是很重要的"立"的过程。

3. 新发展格局下促进双循环的税收政策建议

（1）进一步完善支持畅通国内大循环的税收政策

构建新发展格局的核心是促进经济活动的畅通、连续，包括国内各个环节、各个产业、各个部门、各个区域之间以及城乡之间的畅通。

从生产的角度而言，建议继续简并增值税税率，取消9%税率，只设13%和6%两档税率。13%为标准税率，适用于大多数产品；6%为优惠税率，适用于民生领域产品及劳务。

从消费的角度而言，建议出台刺激消费的税收优惠政策，特别是占社会消费品零售总额10%份额的汽车消费，建议根据"推动汽车等消费品由购买管理向使用管理转变"的要求，下调车辆购置税税率，鼓励汽车消费。

从流通的角度而言，研究进一步引导、鼓励促进生产服务业发展的政策。我国虽然货物出口是顺差，但服务贸易，尤其是生产型服务业是逆差。服务贸易部分实际属于微笑曲线的两端，包括设计、物流、结算及供应链服务等。建议将这些与生产密切联系的生产服务业视同生产型企业，享受增值税留抵退税、即征即退等优惠政策。

（2）进一步完善高质量开放的税收政策

充分利用国内外两个市场、两种资源，发展经济，满足需求，增进人民福祉。

利用扩大进口，为我们的产业"补链"，打造高质量产业集群。在自由贸易区、自由贸易港及区域性自由贸易协定的基础上，有针对性地降低关税，扩大进口环节增值税的免征范围，特别是将有助于解决"卡脖子"问题和产业链"补链"所需原材料、零部件和机器设备纳入免征范围。

扶持技术出口，建议明确中国科技公司向境外企业收取专利授权许可费可免征增值税，支持以专利授权许可为重要收入来源的高科技企业的发展，增强"中国创造"的品牌影响力，以对外投资和产品输出带动中国设计、中国标准输出，增加技术服务价值，提升我国产业在全球产业价值链的地位。

（3）进一步完善支持解决"卡脖子"问题的税收政策

在新发展格局下，其中一项核心任务是突破高新科技领域的技术封锁，解决产业发展"卡脖子"问题。针对产业发展"卡脖子"的问题，建议如下：

在鼓励创投方面，进一步提高创投企业（如种子期、初创期科技型企业）按投资额抵扣应纳税所得额的比例，由70%提升到90%，以更大的力度支持创投企业加大投资，孵化更多的科技企业，为培植更有生命力的科技生态做贡献。

在鼓励研发方面，在制造业研发费用加计扣除标准提高至100%新政策的基础上，进一步允许其在海外的研发费用也可以100%扣除。

在鼓励技术成果转化方面，大幅度提高技术转让所得免征额，由当前的500万元提高至3 000万元，支持科研单位转化技术成果，尽快形成科技生产力。

在激励科研人员方面，提高科技人员取得的职务科技成果转化现金奖励的减征比例，由现行的减按50%调整为减按20%计算应纳税所得额，缴纳个人所得税。参照粤港澳大湾区个人所得税优惠政策，对从事基础研究和技术开发的高端人才，从研究方向、岗位、任职企业等方面综合考虑认定高层次科技人才，对高层次科技人才统一实行个人所得税税负超过15%的超税负返还政策，增强吸引人才的税收制度竞争力。

参考文献

[1] 张维迎，林毅夫.政府的边界[M].北京：民主与建设出版社，2017.

[2] 程俊杰.中国转型时期产业政策与产能过剩：基于制造业面板数

据的实证研究 [J]. 财经研究，2015，41（8）：131-144.

[3] 余明桂，范蕊，钟慧洁 . 中国产业政策与企业技术创新 [J]. 中国工业经济，2016（12）：5-22.

[4] 李方旺 . 构建战略性新兴产业发展的税收激励机制 [J]. 税务研究，2015（9）：39-45.

[5] 雷根强，孙红莉 . 产业政策、税收优惠与企业技术创新：基于我国"十大产业振兴规划"自然实验的经验研究 [J]. 税务研究，2019（8）：5-11.

[6] 肖叶，刘小兵 . 税收竞争促进了产业结构转型升级吗：基于总量与结构双重视角 [J]. 财政研究，2018（5）：60-74.

[7] 赵书博，王秀哲，曹越 . 我国激励企业创新的税收政策研究 [J]. 税务研究，2019（8）：20-26.

[8] 丁道勤 . 我国产业政策法律化研究：以软件产业与集成电路产业发展立法为视角 [J]. 中国软科学，2007（8）：35-45.

[9] 吴敬琏等 . 中国经济50人看三十年：回顾与分析 [M]. 北京：中国经济出版社，2008.

[10] 王南，刘兴元，杜东，等 . 美国和加拿大页岩气产业政策借鉴 [J]. 国际石油经济，2012（9）：69-73.

[11] 韦森 . 探寻人类社会经济增长的内在机理与未来道路：评林毅夫教授的新结构经济学理论框架 [J]. 经济学，2013（3）：1051-1074.

[12] 冯发贵，李隋 . 产业政策实施过程中财政补贴与税收优惠的作用与效果 [J]. 税务研究，2017（5）：51-58.

[13] 樊慧霞 . 产业政策有效性之争与税收政策选择 [J]. 税务研究，2016（12）：71-75.

[14] 张占斌 . 国内大循环 [M]. 长沙：湖南人民出版社，2020.

[15] 张军 . 深圳奇迹 [M]. 北京：东方出版社，2019.

[16] 钟惠坡 . "三来一补"存在的问题和对策：深圳市"三来一补"企业的经营情况和税收政策问题的调查报告 [J]. 涉外税务，1992（5）：3-10.

[17] 张思平.深圳奇迹：深圳与中国改革开放四十年 [M].北京：中信出版社，2019.

[18] 黄奇帆.结构性改革 [M].北京：中信出版社，2020.

[19] 计金标，应涛，刘建梅.提振国内居民消费，促进"双循环"的税收政策研究 [J].税务研究，2020（11）：5-10.

[20] 张国钧.从经济特区到先行示范区：深圳税务深度服务改革开放 [J].国际税收，2019（10）：11-18.

[21] 陈应春.深圳财税20年 [M].深圳：海天出版社，2000.

[22] 朱勇.罗默的新增长理论述评 [J].中国人民大学学报，1997，11（5）：19-24.

[23] 甘小武，曹国庆.研发费用加计扣除政策对高新技术企业研发投入的影响分析 [J].税务研究，2020（10）：100-106.

[24] 潘士远，史晋川.知识吸收能力与内生经济增长：关于罗默模型的改进与扩展 [J].数量经济技术经济研究，2001（11）：82-85.

[25] 张陶新，邹捷中.罗默经济增长模型的改进及其动态分析 [J].湘潭大学自然科学学报，2005，27（4）：10-15.

[26] 周卫民.管理性知识对罗默知识生产模型的发展 [J].管理观察，2016（30）：37-39.

[27] 赵雅丽，李海涛.基于罗默剥削技术性定义模型下对我国经济发展的启示 [J].经济研究导刊，2019（17）：12-14.

[28] 凯文·布赖恩.我们如何创造和摧毁增长：评罗默和诺德豪斯的诺贝尔经济学奖 [J].中国经济报告，2018（11）：12-16.

第二篇

税收理论的研究探索

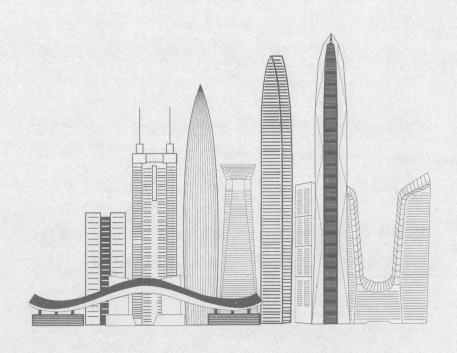

新形势下平台企业数据信息服务
涉及税费问题的调查分析

摘要

党的二十大报告要求"加快发展数字经济，促进数字经济和实体经济深度融合，打造具有国际竞争力的数字产业集群"。为深入贯彻落实党中央要求，使税费政策更好地服务数字经济发展，本文对国内三家重要的平台企业及其部分客户进行了调研，发现有两个税费问题在制度上阻碍了数字经济更好发展：一是对平台企业的收入课征文化事业建设费的问题；二是平台企业的客户支付数据信息服务费作为购买生产要素的支出，未能全额在企业所得税税前扣除的问题。针对上述问题，本文提出了优化平台企业数据信息服务收入相关税费政策的建议。

关键词： 数字经济　平台企业　文化事业建设费

2022年12月召开的中央经济工作会议提出，要大力发展数字经济，提升常态化监管水平，支持平台企业在引领发展、创造就业、国际竞争中大显身手。[①] 目前我国主要的平台企业有百度、阿里巴巴、腾讯等。在线广告服务是平台企业的核心营收业务，其中，百度在线广告收入在2017—2019年占全部营收的比重保持在70%以上，收入规模从731.5亿元增至780.0亿元，腾讯的在线广告收入占营收比重从17.0%提高到了18.1%。[②] 笔者在对上述平台企业的调研中发现，这些企业在缴纳相关税费的同时，还须缴纳文化事业建设费，而宣传广告费在所得税税前列支受销售额比例限制。这导致相关企业负担较重，对数字经济下新业态的发展带来了制约，值得深入研究。

一、文化事业建设费政策的演变历程

1996年《国务院关于进一步完善文化经济政策的若干规定》颁布，决定从1997年1月1日起，在全国范围内开征文化事业建设费，各种营业性的歌厅、舞厅、卡拉OK歌舞厅、音乐茶座和高尔夫球、台球、保龄球等娱乐场所，按营业收入的3%缴纳文化事业建设费。广播电台、电视台和报纸、刊物等广告媒介单位以及户外广告经营单位，按经营收入的3%缴纳文化事业建设费。

1997年发布的《财政部 国家税务总局关于印发〈文化事业建设费征收管理暂行办法〉的通知》（财税字〔1997〕95号）规定，在中华人民共和国境内依照《中华人民共和国营业税暂行条例》的规定缴纳娱乐业、广告业营业税的单位和个人，是文化事业建设费的缴纳义务人，文化事业建设

---

① 国务院办公厅.中央经济工作会议举行 习近平李克强李强作重要讲话[EB/OL].（2022-12-16）[2023-05-16].https：//www.gov.cn/xinwen/2022/12/16/content_5732408.htm.

② 袁从帅，张少博，杨一帆.数字经济企业的税收转移机制及测度：基于某搜索引擎企业的案例研究[J].税务研究，2022（10）：60-68.

费的费率为3%。同年,《财政部 中宣部关于颁发〈文化事业建设费使用管理办法〉的通知》(财文发〔1997〕243号)明确:文化事业建设费由地方税务局征收;中央单位缴纳的文化事业建设费,由地方税务机关征收后全额上缴中央金库;地方单位缴纳的文化事业建设费,全额缴入省级金库。

2000年,《国务院关于支持文化事业发展若干经济政策的通知》重申,继续征收文化事业建设费,执行口径与《国务院关于进一步完善文化经济政策的若干规定》相同,并且明确文化事业建设费纳入财政预算管理,分别由中央和省级建立专项资金,用于文化建设。

2013年,《财政部 国家税务总局关于营业税改征增值税试点有关文化事业建设费征收管理问题的通知》(财综〔2013〕88号)明确:在中华人民共和国境内提供广告服务的单位和个人,应当缴纳文化事业建设费;在中华人民共和国境外的单位或者个人在境内提供广告服务的,在境内未设有经营机构的,以其代理人为文化事业建设费的扣缴义务人;在境内没有代理人,以广告服务接受方为文化事业建设费的扣缴义务人;计费方法同《国务院关于进一步完善文化经济政策的若干规定》的要求;提供应税服务未达到增值税起征点的个人,免征文化事业建设费;增值税小规模纳税人中月销售额不超过2万元(按季纳税的季销售额不超过6万元)的企业和非企业性单位提供的应税服务,免征文化事业建设费;营改增后的文化事业建设费,由国家税务局征收。同年,《财政部 国家税务总局关于对部分营业税纳税人免征文化事业建设费的通知》(财综〔2013〕102号)明确,对娱乐业的营业税纳税人且营业额不超过2万元的单位和个人,免征文化事业建设费。

2014年,《国务院关于推进文化创意和设计服务与相关产业融合发展的若干意见》明确,广告领域文化事业建设费征收范围严格限定在广告媒介单位和户外广告经营单位,清理其他不合理收费。以这个文件为依据,2016年的《财政部 国家税务总局关于营业税改征增值税试点有关文化事业建设费政策及征收管理问题的通知》(财税〔2016〕25号),明确了广告媒介单位和广告经营单位是指发布、播映、宣传、展示户外广告和其他广告的单位，以及从事广告代理服务的单位。该文件自2016年5月1日起执行。

2019年，在大规模减税降费的背景下，财政部调整了部分政府性基金政策，其中包括：自2019年7月1日至2024年12月31日，对于归属中央收入的文化事业建设费按照缴纳义务人应缴额的50%减征，对于归属地方收入的文化事业建设费在50%的幅度内减征；为应对新型冠状病毒感染疫情，财政部规定2020年、2021年文化事业建设费免征。[①]

二、数字经济下对平台企业征收文化事业建设费需讨论的问题

从文化事业建设费的历史沿革来看，总的趋势是征收范围逐渐缩小，费率优惠从无到有。笔者对深圳市某区的文化事业建设费征收情况进行了调查：2022年该区有文化事业建设费缴费人7 180户，征收文化事业建设费总额达11.05亿元；但从全年缴费申报记录看，月平均有费申报户数为147户，有费申报率仅为2.05%，其中C公司缴纳10.84亿元，占收入总额的98.1%，其余的1.9%中，大部分也是由其他头部平台企业在该区的分支机构缴纳的。通过上述调查，笔者认为需要关注以下几个问题。

（一）谁是缴费人

张富强等（2008）曾探讨，《财政部 国家税务总局关于印发〈文化事

---

① 参见《财政部关于调整部分政府性基金有关政策的通知》（财税〔2019〕46号）、《财政部 税务总局关于电影等行业税费支持政策的公告》（财政部 税务总局公告2020年第25号）、《财政部 税务总局关于延续实施应对疫情部分税费优惠政策的公告》（财政部 税务总局公告2021年第7号）。

业建设费征收管理暂行办法〉的通知》(财税字〔1997〕95号)中规定的"在中华人民共和国境内依照《中华人民共和国营业税暂行条例》的规定缴纳娱乐业、广告业营业税的单位和个人，为文化事业建设费的缴纳义务人（以下简称缴费人），应当依照本办法的规定缴纳文化事业建设费"，是否扩大了缴费人的范围。① 因为《国务院关于进一步完善文化经济政策的若干规定》明确，在广告业中文化事业建设费的缴费人是"广播电台、电视台和报纸、刊物等广告媒介单位以及户外广告经营单位"，而不是所有的广告经营单位。所以对于数字经济下的平台企业来说，如果是文化事业建设费的缴费义务人，那么首先应认定它们为广告媒介单位。但是自互联网从20世纪90年代诞生以来，已经进行了7次迭代，分别是门户时代、搜索时代、智能分发时代、信息流时代、直播时代、物联网时代和人工智能（AI）时代。在门户网站时代，互联网公司确实更像一家媒介公司，但是对于已经进行了多次迭代的平台企业来说，如果整体上被认定为广告媒介单位，可能与其实际情况不相符。

（二）征收范围是什么

《财政部 国家税务总局关于营业税改征增值税试点有关文化事业建设费政策及征收管理问题的通知》(财税〔2016〕25号)规定：在中华人民共和国境内提供广告服务的广告媒介单位和户外广告经营单位，是文化事业建设费的缴费人；计费销售额为，缴纳义务人提供广告服务取得的全部价款和价外费用，减除支付给其他广告公司或广告发布者的含税广告发布费后的余额；缴纳义务人减除价款的，应当取得增值税专用发票或国家税务总局规定的其他合法有效凭证，否则不得减除。同时，这个文件明确，广

---

① 营改增后，则为在中华人民共和国境内提供广告服务的单位和个人，应当缴纳文化事业建设费。

告媒介单位和户外广告经营单位是指发布、播映、宣传、展示户外广告和其他广告的单位，以及从事广告代理服务的单位。根据法律的一般原则以及《中华人民共和国立法法》的第十一条第六款和第七款的规定，"税种的设立、税率的确定和税收征收管理等税收基本制度""对非国有财产的征收、征用"只能制定法律。在调查中笔者从双方的商业合同以及账务处理情况得知，其他单位向平台企业支付的费用，发票开具的内容通常为"数据信息服务费"，而不是"广告费"。平台企业收取的数据信息服务费，从字面上看，并不是发布、播映、宣传、展示户外广告收入，如果对其征收文化事业建设费，只能是将其归属到"其他广告的单位"中去。但是对于规费的征收，不采取明文正列举的方式，而由各地征收部门自行理解和判定的方式，不符合"依法行政"的要求。从一个广告公司内部流程来说，既可能包括创意、设计、制作，也包括发布、播映、宣传和展示。从文义上理解，不在列举征收范围内的广告公司收入是否应该缴纳文化事业建设费，是存在争议的。

（三）平台企业提供的数据信息服务是否为广告服务

由于平台企业开具的发票品名大多为"数据信息服务费"，如果要把数据信息服务费的全部或部分确定为广告费收入，认定为应缴纳文化事业费的费基，是需要讨论的。不同的分析，恐怕会得出不同的结论。袁从帅等（2022）把百度、腾讯的很大部分收入认定为在线广告服务。从法律角度来看，《中华人民共和国广告法》第二条规定，适用广告规范的是"在中华人民共和国境内，商品经营者或者服务提供者通过一定媒介和形式直接或者间接地介绍自己所推销的商品或者服务的商业广告活动"，可见广告法里对广告定义是介绍商品或者服务的商业活动。从这点理解，单位或个人通过互联网直接或者间接地介绍自己所推销的商品或者服务可以认为是广告的一种。但如果从收入和支出的匹配上来说，互联网公司的支出，绝大多数不在于广告展示，而在于算法和算力的投入。在税收实务中，商场中商品的摆放位置的排序费或者叫"上架费"是不作为广告费处理的。阿里巴巴收取的"摊位费"和百度公司收取的"排序费"，从其商业本质来说，更像是商场的租金收入和上架费收入，而很难被认定为广告费收入。

（四）数字经济下数据信息服务费支出超过企业所得税税前扣除限额的问题

在调查过程中，笔者发现有两类企业向平台企业支付的数据信息服务费，远超过销售额的15%。一类是需要推广新产品的制造业企业，特别是生产新的日常消费类产品的厂商。国家统计局数据显示，2022年全国网上零售额13.79万亿元，同比增长4%。其中，实物商品网上零售额为11.96万亿元，同比增长6.2%，占社会消费品零售总额的比重为27.2%，比2021年提高了2.7个百分点。[①] 这是全量数据，对于不少新产品的厂商来说，其网上销售额的比例超过50%。比如，笔者调研的某家年营业收入约为18亿元的美容仪器产品公司，每年向天猫支付的数据信息服务费超过营业收入的30%，其产品约60%是通过网上销售。另一类是数字经济企业。比如，笔者调研某网络上市公司，2022年营业额为20亿元左右，其收入几乎全部来自网络，其生产要素就是数据，其取得的收入和向平台公司支付的数据信息服务费呈正比例关系，而且这个费用往往超过总营业收入的50%，随着业务规模逐渐增大，数据信息服务的支出比例也不会减少。《中华人民共和国企业所得税法实施条例》规定："企业发生的符合条件的广告费和业务宣传费支出，除国务院财政、税务主管部门另有规定外，不超

---

① 国家统计局.2022年12月社会消费品零售总额下降1.8%[EB/OL].（2023-01-17）[2023-05-16].http://www.stats.gov.cn/sj/zxfb/202302/t20230203_1901713.html.

过当年销售（营业）收入15%的部分，准予扣除；超过部分，准予在以后纳税年度结转扣除。"通过以上分析，这两类企业支付的数据信息服务费通常都会超过销售收入的15%，如果被认定为广告宣传费，则无法在税前扣除。笔者在调研中发现，不同的企业会根据平台企业开具的发票品目进行费用的归集，有的归集在期间费用中，有的则归集到生产成本中进行列支。由此产生了同类费用列支因不同的账务处理而存在不一致的问题，有悖合理和公平原则。

（五）对广告业重复征收税费的问题

分析《国务院关于进一步完善文化经济政策的若干规定》制定的初衷，以及后来的沿革历史，笔者理解这里有支持文化事业发展需要相应财政投入的因素。在当时背景下，文化事业建设费缴费单位的主体是广播电台、电视台和报纸、刊物等广告媒介单位，且这些单位主要是从事业单位改制的国有企业。文化事业发展需要经费，文化管理部门没有足够经费，这些改制的文化企业有经营、有创收，向这些主体收费，反哺文化事业发展，也是题中应有之义。然而，随着社会主义市场经济的发展，特别是2001年我国加入世界贸易组织后，文化产业的经营主体逐渐发展为以民营企业为主。这些新的文化产业经营主体面临着激烈的市场竞争以及强大的国外文化产业竞争。加入世界贸易组织20多年来，我国在服务贸易方面始终存在巨额逆差。国家外汇管理局的数据显示，2022年我国服务贸易逆差高达943亿美元，[①]其中就包括文化产业。文化产业补短板已经成为今后经济发展中需要重点解决的问题之一。2009年国务院颁布《文化产业振兴规

---

① 范子萌.管涛：2022年我国经常项目与基础国际收支表现强劲 短期资本外流快速收敛 [EB/OL].（2023-02-10）[2023-05-16]. https∶//www.163.com/dy/article/HT88M4850552C2FY.html.

划》，将广告业列为九大重点支持的文化产业之一。[①] 2013年以来，党和国家十分重视文化产业发展，并将文化自信置于"四个自信"的基础位置。支持文化产业做大做强已经成为重要国策。在这个可以弘扬文化自信，有利于中国制造向中国品牌升级的领域，对同一笔收入（广告业的增值税税基和文化事业建设费费基一致）重复课征税费，既不符合政策价值取向，也不符合税费公平原则。2020年、2021年新型冠状病毒感染疫情期间，国务院果断做出暂停征收文化事业建设费的决定，既回应了业界多年的呼吁，也从某个侧面说明了此举在财政预算上具有可行性。

三、不同平台企业对数据信息服务的会计与税务处理

笔者对数据信息服务的购买者和提供者双方进行了互相印证式的调查，从双方销售或劳务提供的合同和发票来看，不同平台企业对类似的数据信息服务在合同规定、发票开具、申报缴纳文化事业建设费上的处理方式不同，由此可能会产生不同的税费待遇。

（一）A 公司的会计与税务处理

根据《A 公司推广服务协议》，该公司将"推广与专业服务费用"中的"推广费"分为信息技术服务费和广告代理费。A 公司与客户签订网络服务合同收取费用，合同约定向客户提供信息技术服务和广告发布服务两种服务，并按91.5%和8.5%的比例向客户开具"信息技术服务"和"广告服务"发票。分类依据主要基于两个方面。一是从产品特性角度来看，

---

① 国务院常务会议讨论并通过《文化产业振兴规划》[EB/OL].（2009-07-22）[2023-05-16].https：//www.gov.cn/ldhd/2009-07/22/content_1371926.htm.

搜索引擎服务背后运用了深度学习、自然语言理解、索引技术、精准预估、负载均衡等大量现代信息技术，并以此为客户提供了包括用户行为和属性分析报告服务、竞争对手分析服务、市场竞争态势和发展趋势分析服务、客户线索收集和转化服务、数据存储服务、数据资产运营状况和效率分析评估等多种服务。这些服务都独立于广告展示发布业务，且对客户有极高服务价值，能够帮助企业把握行业动态，了解自身相比竞争对手的优势与差距，潜在用户群体及其喜好等，并据此调整经营策略。二是从价值链角度来看，目前在互联网上单纯做广告发布非常容易，广告发布的价值非常有限。A 公司聘请第三方服务机构，根据搜索引擎中信息技术服务和广告发布服务各自的价值贡献进行了分析测算，结果显示，广告发布价值占比不超过 8.5%。发票开具方面，同时将信息技术服务、信息系统增值服务、广告代理服务和广告代理费按合同规定比例开具在同一张增值税专用发票里，税率均为 6%。按发票品名来看，客户企业申报时，应该只就广告代理服务中的广告代理费这一部分计算缴纳文化事业建设费。

（二）B 公司的会计与税务处理

根据《T 平台直通车软件服务协议》，B 公司将 T 平台直通车费用分为软件服务和信息发布服务，其中软件服务占比为 91.5%，信息发布服务占比为 8.5%，同样，合同里也未显示该比例的来源。B 公司的软件服务有限公司开具的增值税专用发票，品名为信息技术服务软件服务费，税率为 6%。如果按发票品名来看，该笔收入不属于文化事业建设费的征收范围。另外，该份服务协议里还内含一份《广告服务协议》，广告服务方为某广告有限公司，服务协议指广告服务方将 T 平台直通车软件服务系统取得的计算结果进行必要的审查后在位置资源上进行展示的服务，该份广告服务协议中显示"开通协议后，广告服务方向客户提供的服务，暂不收取任何费用"。也就是说，B 公司的广告服务是免费的，即这部分的文化事业建设费费基可能为零。

（三）C 公司的会计与税务处理

目前，C 公司以平台充值形式，由需要发布广告的公司登录进行充值，按照充值完成时点开具发票，在次月缴纳增值税和文化事业建设费。根据《2023 年 Q 公司广告合作协议》等协议，C 公司将该协议涉及费用统一称为广告费，开具增值税专用发票，发票项目为广告费或广告发布费，税率为 6%，申报时按全额计算缴纳文化事业建设费。虽然 C 公司在部分广告合同中提及"公司有针对性的特殊算法，能准确推送给目标客户"，但这部分数据信息服务未作为非广告行为予以剔除。C 公司认为，客户在充值时，未确定具体发布平台，无法明确是否包括信息增值服务，且特殊算法作为附加服务赠送，根据发票相关管理规定，对无法列明的金额暂不分开计算。

可见，A、B、C 三家平台公司对于数据信息服务费的合同、发票和申报方式是有差异的，其中 C 公司的费基最大，而 B 公司的费基最小，A 公司则通过收入比例划分以及发票品名区分出应缴纳文化事业建设费的收入并进行申报，可能较为符合政策要求。

四、新形势下优化平台企业数据信息服务收入相关税费政策的建议

（一）从保障财政预算收入角度出发，应参照教育费附加，降低文化事业建设费的费率，扩大征收范围

通过对深圳某区的非税收入进行分析，除国有土地出让金外，教育费附加和地方教育附加是分别排在第二、第三大规模的非税收入。所以

如果单纯考虑文化事业建设的财政预算需要，可以对文化事业建设费进行改革，扩大征收范围，参照教育费附加，以增值税、消费税税基为费基，同时根据现有收入规模倒算适用的费率。从该区的数据来看，费率将大幅度降低。假设该区的增值税收入约340亿元，文化事业建设费收入为11亿元，如果以增值税收入为文化事业建设费费基，那么普遍征收情况下，为保持同样规模规费收入，费率只需定为增值税收入的3.2%，而教育费附加和地方教育附加加起来是增值税收入的10%，所以这样改革后，原文化事业建设费的缴费单位，费率将大幅度降低，其他行业的规费支出将轻微增加。

(二) 从落实"四精要求"出发，应参照嵌入式软件"四分开"申报方式，准确界定文化事业建设费征收范围

黄智文（2021）研究指出，深圳市税务部门积极落实关于嵌入式软件产品"四分开"（合同分开、发票分开、进项税额分开、增值税申报分开）申报办法，支持服务深圳市软件企业和集成电路企业用好、用足税收优惠政策。根据《国务院关于推进文化创意和设计服务与相关产业融合发展的若干意见》的要求，广告领域文化事业建设费征收范围严格限定在广告媒介单位和户外广告经营单位，清理其他不合理收费。营改增后，《财政部国家税务总局关于全面推开营业税改征增值税试点的通知》（财税〔2016〕36号），所附的《营业税改征增值税试点实施办法》中，有销售服务、无形资产、不动产等注释，其中广告服务属于"现代服务"的范围。现代服务又包括研发技术服务、信息技术服务、文化创意服务等8类。在文化创意服务中再细分为设计服务、知识产权服务、广告服务、会议展览服务四个小类。其中广告服务的注释为，利用图书、报纸、杂志、广播、电视、电影、幻灯片、路牌、招贴、橱窗、霓虹灯、灯箱、互联网等各种形式为客户商品、经营项目、文体节目或者通告、声明等委托事项进行宣传和提

供相关服务的业务活动，包括广告代理和广告的发布、播映、宣传、展示等。从准确适用法律法规的角度来说，只有现代服务业中文化创意业下的广告服务活动所取得的收入，才是文化事业建设费的计费收入。所以建议制定类似嵌入式软件"四分开"申报办法的规则，对于平台企业所取得的研发技术服务、信息技术服务，以及文化创意服务中的设计服务、知识产权服务收入等，与广告服务收入划分开来，通过"四分开"的方式依法准确地确定文化事业建设费的计费依据，避免如 A、B、C 三家平台企业不同的核算方式，自行扩大或缩小文化事业建设费费基情况的出现，切实落实"精确执法、精细服务、精准监管、精诚共治"要求。

（三）从数据是生产要素出发，应参照购买其他生产要素支出允许税前列支

马克思、恩格斯研究级差地租，因为土地是重要的生产要素；发展经济学中，索罗模型揭示了资本和劳动力投入对产出有线性正相关影响；罗默模型进一步发展了索罗增长模型，将教育和研发投入作为经济增长的内生变量。可见，随着经济社会的发展，关于生产要素的认识也进一步深化。1987年，《深圳市人民政府关于鼓励科技人员兴办民间科技企业的暂行规定》（深府〔1987〕18号）颁布，在全国第一次提出，兴办民办企业不仅资金可以入股，而且商标、专利、技术等可作为无形资产入股，这项规定使深圳诞生了华为这样伟大的公司，为深圳高科技产业发展和创新能力的提高打下了体制机制基础（张思平，2019）。这说明理念上的更新、理论上的突破会带来体制机制的优化和政策的变革，从而促进经济社会发展。党的十九届四中全会通过的《中共中央关于坚持和完善中国特色社会主义制度 推进国家治理体系和治理能力现代化若干重大问题的决定》提出，"健全劳动、资本、土地、知识、技术、管理、数据等生产要素由市场评价贡献、按贡献决定报酬的机制"，将"数据"列为与劳

动、资本、土地、知识、技术、管理并列的生产要素。党的二十大报告强调要"加快发展数字经济",建设"数字中国"。从数据是生产要素这个理论创新出发,税收政策的调整将成为必然。例如:土地、劳动力是生产要素,购买土地和劳动力的成本可进入生产成本;教育与科研是经济发展的内生变量,研发费用不但可以在企业所得税税前列支,还可以加计扣除。如今,随着数字经济比重在国民经济中的比重日益扩大,购买数据要素的支出允许在企业所得税税前扣除,已成为税收政策需要研究和明确的命题。笔者建议,根据企业所得税法的规定,对于企业实际发生的与取得收入有关的、合理的支出,包括购买的数据信息服务支出,准予在计算应纳税所得额时扣除。

(四)从支持文化产业发展出发,应取消文化事业建设费,避免税费重复征收

广告业属于文化产业和现代服务业,现代服务业适用的增值税税率是6%,对于同一笔收入,在缴纳6%增值税的同时,加征一道费率为3%(2022年到2024年年底费率减按1.5%)的规费,这对于广告代理服务只有10%—15%毛利率的广告公司来说,[①]是一笔较重的负担。这一收费与国家鼓励、支持、大力发展文化产业的政策导向不相适应。而且从财政收入上来看,文化事业建设费开征时间为1996年,当时全国财政收入总额仅为7 408亿元,[②]而2022年全国一般公共预算收入达到203 703亿元,[③]是1996

---

① 编者按.关于文化与教育费附加税款缴纳的一点建议 [J].广告大观(综合版),2008(10):39-40.

② 曹桂芝,梅金华.还原现代广告业本质:兼谈取消对广告行业征收文化事业建设费 [J].中国广告,2017(3):116-118.

③ 国务院办公厅.2022年财政收支情况 [EB/OL].(2023-01-31)[2023-05-16]. http://www.gov.cn/xinwen/2023/01/31/content_5739311.htm.

年的27.5倍。各级政府对文化事业的发展日益重视，纳入预算安排的经费比例逐年增加，征收文化事业费的时空背景、形势情形，已经发生重大变化。综上，建议对是否继续征收文化事业建设费进行仔细酌量。

（《国际税收》2023年第7期）

—— 参考文献 ——

[1] 袁从帅，张少博，杨一帆. 数字经济企业的税收转移机制及测度：基于某搜索引擎企业的案例研究 [J]. 税务研究，2022（10）：60-68.

[2] 张富强，金培武. 谁是文化事业建设费的法定缴费人 [J]. 广告大观（综合版），2008（10）：23-26.

[3] 黄智文. 税收助力深圳经济40年发展的实践与经验 [J]. 税务研究，2021（5）：134-139.

[4] 张思平. 深圳奇迹：深圳与中国改革开放四十年 [M]. 北京：中信出版集团，2019：87-88.

[5] 曹桂芝，梅金华. 还原现代广告业本质：兼谈取消对广告行业征收文化事业建设费 [J]. 中国广告，2017（3）：116-118.

[6] 李争. 文化事业建设费对广告业的影响及其对策建议 [J]. 企业改革与管理，2022（23）：172-173.

[7] 范志杰. 发展文化事业促进文化产业政策研究 [D]. 北京：财政部财政科学研究所，2013.

[8] 马嘉. 广告行业迎来重大利好：专访中国广告协会会长张国华 [N]. 中国市场监管报，2020-06-04（4）.

[9] 王国明. 免征广告业文化事业建设费常态化 [N]. 中国市场监管报，2020-05-28（4）.

[10] 黄亚男."营改增"政策对广告业"文化事业建设费"的影响探析 [J]. 时代金融，2015（8）：243-245.

[11] 李俊海，刘琳琳，周亮亮.主成分分析法在文化事业建设费审计中的应用 [J]. 审计月刊，2014（3）：26-28.

[12] 张阳."营改增"后文化事业建设费征管模式创新初探 [J]. 西部财会，2014（10）：17-20.

[13] 幕伟刚.我省文化事业建设费优惠再升级 [N]. 黑龙江经济报，2019-08-05（1）.

[14] 段琳筠.深圳今年约免征23亿元文化事业建设费 助力广告业快速纾困 [N]. 深圳特区报，2020-06-12（A03）.

[15] 陈润，陈洛红.文化事业建设费征管中存在的问题及对策 [J]. 河南税务，1998（8）：53.

[16] 焦玉强.拓宽投入渠道 创新文化产业 [N]. 山西日报，2001-05-29（2）.

[17] 陈发清."税惠"擦亮"文创之城"新名片 [N]. 深圳商报，2020-11-23（A11）.

[18] 李光锐."营改增"对广告业计征文化事业建设费的影响 [J]. 广告大观（综合版），2013（3）：94-96.

[19] 刘双舟，张丽君，等.数字经济时代互联网广告发展与监管研究 [M]. 北京：中国工商出版社，2021.

软件产业和集成电路产业税收
优惠政策：回顾与建议

———————————— 摘要 ————————————

本文以对软件产业和集成电路产业实施的增值税实际税负超过3%部分实行即征即退政策为例，回顾总结了我国鼓励软件产业和集成电路产业发展的税收优惠政策的设立、调整和完善过程。在此基础上，通过辨析相关政策在执行过程中存在的问题，对进一步完善鼓励软件产业和集成电路产业发展的税收优惠政策提出了建议。

关键词：软件产业 集成电路产业 税收优惠 增值税 即征即退

一、软件产业和集成电路产业税收优惠政策的发展进程

自进入信息化社会以来，软件产业和集成电路产业便成为新技术的引擎和核心动力。为支持软件产业和集成电路产业快速有序发展，我国自2000年开始便制定了相关税收优惠政策。二十年来，在多种因素的影响下，鼓励软件产业和集成电路产业发展的税收优惠政策跟随技术进步的步伐，大致历经设立、调整和完善三个阶段。笔者重点以集成电路企业享受

的增值税实际税负超过3%部分实行即征即退政策的变迁为例，对我国鼓励软件产业和集成电路产业发展的税收优惠政策的发展进程进行梳理。

（一）设立——2000年确定了支持软件产业和集成电路产业发展的税收优惠政策体系

为推动我国软件产业和集成电路产业发展，增强信息产业创新能力和国际竞争力，带动传统产业改造和产品升级换代，进一步促进国民经济持续、快速、健康发展，2000年6月，《国务院关于印发鼓励软件产业和集成电路产业发展若干政策的通知》发布，标志着我国支持软件产业和集成电路产业发展政策体系的正式设立。《国务院关于印发鼓励软件产业和集成电路产业发展若干政策的通知》包括投融资、税收、产业技术、出口、收入分配、人才吸引与培养、采购、集成电路产业等政策体系。其中，税收政策主要包括以下五个方面：一是对增值税一般纳税人销售其自行开发生产的软件产品，2010年前按17%的法定税率征收增值税，对实际税负超过3%的部分即征即退，由企业用于研究开发软件产品和扩大再生产。二是新创办软件企业经认定后，自获利年度起，享受企业所得税"两免三减半"的优惠政策。三是对国家规划布局内的重点软件企业，当年未享受免税优惠的减按10%的税率征收企业所得税。四是对部分设备及配套件、备件 [①] 的进口，免征关税和进口环节增值税。五是对增值税一般纳税人销售其自产的集成电路产品（含单晶硅片），2010年前按17%的法定税率征收增值税，对实际税负超过6%的部分即征即退，由企业用于研究开发新的集成电路和扩大再生产。2002年，《财政部 国家税务总局关于进一步鼓

---

① 部分设备及配套件、备件指软件企业进口所需的自用设备，以及按照合同随设备进口的技术（含软件）及配套件、备件，除列入《外商投资项目不予免税的进口商品目录》和《国内投资项目不予免税的进口商品目录》的商品外。

励软件产业和集成电路产业发展税收政策的通知》（财税〔2002〕70号），进一步加大了对集成电路产品的税收优惠，规定自2002年1月1日起至2010年年底，对增值税一般纳税人销售其自产的集成电路产品（含单晶硅片），按17%的税率征收增值税后，对其增值税实际税负超过3%的部分实行即征即退政策。此外，还有一些其他政策，本文不全列举。这些政策在2010年到期后，我国又于2011年发布了《国务院关于印发进一步鼓励软件产业和集成电路产业发展若干政策的通知》，对支持软件产业和集成电路产业发展的税收政策体系进行了延续和完善。

（二）调整——2005年停止了对集成电路产品实施的增值税实际税负超过3%的部分实行即征即退政策

2000年至2005年，我国半导体行业增长态势强劲，整个半导体行业平均增长速度超过30%，高于全球半导体行业平均增速的3倍至4倍。[①] 可以说，我国集成电路产业之所以能够屡获突破，税收优惠政策功不可没。但在此期间，软件产业和集成电路产业所享受的增值税实际税负超过3%部分实行即征即退的税收优惠政策，却经历过一次罕见的调整。2005年，我国对集成电路产品实施的增值税实际税负超过3%的部分实行的即征即退政策停止执行。根据《财政部 国家税务总局关于停止集成电路增值税退税政策的通知》（财税〔2004〕174号），集成电路产品增值税退税政策自2005年4月1日起停止执行。早在2004年3月，美国曾向世界贸易组织（WTO）提出诉讼请求，指出我国的集成电路产业增值税退税措施对进口的国外同类产品是歧视性的。2004年7月，中美双方就集成电路增值税问题通过四轮磋商达成谅解。美方将在谅解备忘录签署后撤回在WTO争端

---

① 郑迪，杨学明.扶持半导体产业没有政策真空[N].21世纪经济报道，2005-04-06.

解决机制下对我国提起的诉讼，而我国承诺享受增值税退税政策的中国集成电路企业及产品将继续享受该待遇直至2005年4月1日，届时将彻底停止集成电路企业及产品的增值税退税政策。这是我国在支持技术进步的政策史上按下的一次罕见的暂停键。而按下这个暂停键背后的原因正是美国在WTO对我国提起的诉讼。回顾这段历史，有利于厘清我国支持软件产业和集成电路产业发展的税收优惠政策在制定过程中受到的来自各方面的影响因素。

（三）完善——2008年嵌入式软件即征即退等税收优惠政策稳定成形

2005年，在《财政部 国家税务总局关于增值税若干政策的通知》（财税〔2005〕165号）中，首次出现"嵌入式软件"这个名词。但财税〔2005〕165号文件明确规定："嵌入式软件不属于财政部、国家税务总局《关于鼓励软件产业和集成电路产业发展有关税收政策问题的通知》（财税〔2000〕25号）规定的享受增值税优惠政策的软件产品。"2006年，《财政部 国家税务总局关于嵌入式软件增值税政策问题的通知》（财税〔2006〕174号）指出：财税〔2005〕165号文件中的"嵌入式软件"是指"纳税人在生产过程中已经嵌入在计算机硬件、机器设备中并随同一并销售，构成计算机硬件、机器设备的组成部分并且不能准确单独核算软件成本的软件产品"；"增值税一般纳税人销售其自行开发生产的用于计算机硬件、机器设备等嵌入的软件产品，仍可按照《财政部 国家税务总局关于鼓励软件产业和集成电路产业发展有关税收政策问题的通知》（财税〔2000〕25号）有关规定，凡是分别核算其成本的，按照其占总成本的比例，享受有关增值税即征即退政策"。这其实是对财税〔2005〕165号文件规定嵌入式软件不能享受即征即退政策的一个否定。直至2008年，《财政部 国家税务总局关于嵌入式软件增值税政策的通知》（财税〔2008〕92号）明确，嵌入式软件产品分开核算可以享受增值税即征即退政策，并给出了嵌入式软件销售额的计算公式，解决了嵌入式软件产品难以分别核算问题。同时，财税〔2008〕92号文件还规定，嵌入式软件的退税政策自财税〔2005〕165号文件发布之日起执行。这在税收政策文件中是十分罕见的，因为它是一条优惠政策追溯执行的政策。至此，在集成电路产品停止适用增值税即征即退政策3年后，2008年，嵌入式软件产品增值税即征即退政策的实施，实质上是对之前停止适用的政策进行了救济和衔接。这个政策延续执行至今。

二、相关政策在执行过程中的问题辨析

（一）政策与时俱进的完善问题

二十年来，鼓励软件产业和集成电路产业发展的税收优惠政策与时俱进，跟随着技术进步的进程进行过多次修订。就所得税优惠政策而言，主要是根据当时所需鼓励的技术标准进行调整。具体地，2011年，集成电路生产企业可以享受企业所得税"两免三减半"优惠政策的标准是，集成电路线宽小于0.8微米（含）；2018年，当集成电路线宽小于130纳米时，才可以享受企业所得税"两免三减半"政策。2011年，集成电路生产企业可以享受企业所得税"五免五减半"优惠政策的标准是，集成电路线宽小于0.25微米或投资额超过80亿元；2018年，优惠政策调整为电路线宽小于65纳米或投资额超过150亿元。[①]根据当时的实际情况，适当调整这些税收优惠政策都是必要的；但从实际情况看，鼓励软件产业和集成电路产业发展的税收优惠政策在广度和深度上还需进一步研究。

---

① 参见《国务院关于印发进一步鼓励软件产业和集成电路产业发展若干政策的通知》以及《财政部 税务总局 国家发展改革委 工业和信息化部关于集成电路生产企业有关企业所得税政策问题的通知》（财税〔2018〕27号）。

在广度上，我国鼓励软件产业和集成电路产业发展的若干政策是一个政策体系。除了已经做出详细规定的税收优惠政策外，这个政策体系里还有投融资政策、出口政策、人才政策等。这些政策都需要我们在制定税收优惠政策时统筹兼顾，综合考量。就人才政策而言，最具吸引力的税收优惠政策是个人所得税优惠政策，但目前在鼓励软件产业和集成电路产业发展的税收优惠政策体系中，尚未涉及个人所得税优惠政策。又如，在出口政策中，我国对出口型生产企业实行免、抵、退税政策，但对计算出来的免抵税额作为附加税费的税基、课征城市维护建设税和教育费附加的问题还依旧存在。在深度上，随着我国企业创新能力的不断增强，向境外收取专利授权许可费的税收优惠问题目前尚未明确。而在美国，向境外收取专利授权许可费是高通等企业主要的收入来源，这方面的税收优惠也应该成为我国鼓励企业发展的一个重要方向。

（二）政策执行效应的评价问题

历经二十年的政策实践，软件产业和集成电路产业所享受的增值税实际税负超过3%部分实行即征即退政策在实施过程中存在以下问题：1.技术服务与研发软件产品税率悬殊，留下"筹划"的空间。2.软、硬件关联企业联手降低税负，影响市场的公平竞争。3.即征即退政策形成增值税链条隐形漏洞，存在虚开发票风险。4.软件产品资格认定标准简单，过低的优惠门槛易造成税款流失。但换言之，这也是支持技术进步的税收优惠政策在实施过程中所支付的社会成本。然而，从华为、中兴通讯等高新技术企业的成长历程看，也正是因为有了针对软件产品（含嵌入式软件）实施的退税政策及低税率和定期减免的企业所得税优惠政策的支持，才有效地降低了企业的税收负担，对企业的发展起到了积极的促进作用。例如，中兴通讯2017年净利润为9.03亿元，而其当年收到的增值税即征即退税款就高达21.2亿元 ①，可见退税对其资金支持和利润贡献之大。

（三）政策拓展延续的预期问题

自我国对集成电路产品实施的增值税实际税负超过3%的部分实行即征即退政策停止执行，而嵌入式软件可以享受增值税实际税负超过3%的部分实行即征即退政策后，许多市场主体的组织形式都根据相关政策的要求进行了重组或调整。比如中兴通讯、华为等高新技术企业都通过成立软件公司的方式去适应新政策的要求。这就是税收政策对于经济主体的行动决策乃至组织架构优化产生影响的具体体现。但无论是历史还是未来，都不可避免地面临预期管理问题。如前文所述，2005年，我国停止了对集成电路产品实施的增值税实际税负超过3%的部分实行即征即退政策，2008年，虽然换了另外一种形式加以延续，而且对于符合规定的嵌入软件产品可以追溯享受，但对市场主体而言，其实已然影响了他们的理性预期。根据税收法定时间表，2020年，在全面落实税收法定原则的大背景下，我国要进行增值税、消费税等立法工作。法律具有确定性和指引性，鼓励软件产业和集成电路产业发展的税收优惠政策能否以法律的形式确定下来，便成为市场主体的新预期。

---

① 相关数据来源于中兴通讯股份有限公司2017年年报。

三、进一步完善支持软件产业和集成电路产业发展税收优惠政策的建议

（一）完善支持软件产业和集成电路产业发展的相关税收政策

1. 增值税方面。建议对向境外企业收取的专利授权许可费免征增值税。技术专利等无形资产是我国企业科技创新的重要产出，无形资产出口更应该成为国家鼓励出口创收的业务，明确境外专利授权许可增值税免税政策，有利于科技创新企业消除政策风险、鼓励企业的创新成果更好地"走出去"、鼓励企业更好开展创新研发活动及价值创造活动。

2. 城市维护建设税及教育费附加方面。当前，软件企业的教育费附加负担重，建议按扣除软件退税后实际缴纳的增值税承担附加税费。根据规定，对增值税一般纳税人销售其自行开发生产的软件产品，按13%法定税率征收增值税后，对其增值税实际税负超过3%的部分实行即征即退。但实践中并没有退还软件企业按10%缴纳增值税部分对应的城市维护建设税及教育费附加，导致软件企业的城市维护建设税及教育费附加税负较重。因此，建议软件企业按其退税后的实际增值税税额为基数缴纳城市维护建设税及教育费附加，或在即征即退增值税时同步退还所退增值税对应的附加税费。同样地，对于出口型生产企业根据免、抵、退税政策计算出来的免抵额对应须缴纳的城市维护建设税及教育费附加，也建议免除，以进一步降低出口产品的税收成本，提升我国软件产品的国际竞争力。

3. 企业所得税方面。建议允许企业申请使用合并纳税制度，提高企业国际竞争力。当前，部分发达国家（如美国、德国、日本、英国等）均采用的是合并纳税制度。合并纳税制度不但有利于增强企业抗风险能力、促进企业创新发展，还有利于简化税收征管流程、降低税务机关的征管成本和企业的税务管理成本，甚至可以有效避免企业集团之间利用关联交易将利润和税收转移到税率较低的地区。因此，建议我国允许企业申请使用合

并纳税制度。

4. 个人所得税方面。一是2021年后继续维持全年一次性奖金、股权激励等单独计税方式。目前，全年一次性奖金、股权激励等计税方式在普惠性降低个人所得税税负方面效果明显。因此，建议我国继续维持此类单独计税的方式或者在取消时同步实施相配套的减税政策。二是降低个人所得税最高边际税率，增加对人才的吸引力。当前，我国软件企业和集成电路企业存在较大的人才缺口，需要大量引进海外尖端人才。而尖端人才的税收负担，最终都将部分或全部转嫁为企业的负担。降低个人所得税最高边际税率，有利于减轻企业负担，增加对人才的吸引力，提升企业竞争力。

（二）完善税收政策制定、实施和评价管理的工作机制

1. 在工作机制上，实现以计划—执行—检查—处理为流程的政策制定、实施和评价管理过程。在日趋复杂多变的国内外大环境下，减税降费、简政放权在激发微观市场主体活力、促进经济发展内生动力和产业发展创新力等方面起到的作用越来越明显。当前，一揽子的减税降费政策已经出台或将继续出台，在此背景下，在鼓励产业发展的相关税收优惠政策的制定、执行上，应该建立完整的计划—执行—检查—处理机制，及时总结政策实施过程中的问题，及时反馈，及时改进。

2. 在效应分析上，应更及时、科学和全面。众多的税收优惠政策，从宏观、中观和微观上具体发挥了什么作用，存在哪些问题，应该进行及时和科学的政策效应分析。例如，对软件产业和集成电路产业享受的增值税实际税负超过3%的部分实行即征即退政策而言，此政策是非常重要且受欢迎的，因为软件和集成电路是人力资本投入密集型行业，人力资本无法抵扣，这会增加行业的税收负担，有了增值税实际税负超过3%的部分实行即征即退政策后，这个问题便得到了很大的缓解，促进了软件产业和集

成电路产业的发展。与此同时，在税收征管实践中，通过不实或虚增软件销售收入进行恶意税收筹划的现象时有发生，有的企业甚至没有将国家退还的税款用于发展科技上，破坏了税收秩序。所以在一项税收优惠政策出台后，及时、科学、全面地对政策效应进行分析和评估非常重要，而且应该制度化。同时，在评估技术和方法上进行深入研究，以确保税收优惠政策的应有效应得到充分发挥。

（三）以法律形式保障税收优惠政策的落实和明确预期

1.将税收优惠预期管理与宏观预期管理相结合。一是要将税收优惠预期管理纳入宏观调控预期管理的制度化体系。二是要加强与纳税人的沟通，提高税收优惠政策制定的透明度，建立起双向信息传递渠道，使纳税人的信息能够及时得到反馈。三是要加强相关税收优惠政策的服务和辅导工作，帮助纳税人根据税收优惠政策的扶持方向及时调整生产经营方式或组织架构，用足用好相关税收优惠政策。

2.以立法的形式保障税收优惠政策的落实。实践证明，鼓励软件产业和集成电路产业发展的一系列税收优惠政策，对于增强我国信息产业创新能力和国际竞争力起到了重要作用，以软件企业和集成电路企业为代表的大部分高新技术企业都在很大程度上受益于这些税收优惠政策。因此，这些对软件产业和集成电路产业发展发挥了重要作用的税收优惠政策应该保持稳定性和持续性，并以立法的形式保障其有效实施。

（《税务研究》2020年第5期）

参考文献

[1] 黄智文 . 产业政策之争的税收视角：兼论芯片企业税收优惠政策着力点 [J]. 税务研究，2019（1）：107-113.

[2] 熊振宇，陆扬 . 如何统一规范软件产品的增值税政策 [J]. 税务研究，2015（6）：57-61.

[3] 包健 . 促进科技创新的税收激励政策分析 [J]. 税务研究，2017（12）：40-43.

[4] 黄超 . 我国集成电路产业的税收优惠政策探析 [J]. 税务研究，2020（2）：31-34.

[5] 孙健夫，贺佳 . 我国税收优惠对集成电路企业发展的效应分析：基于动态面板广义矩（GMM）估计 [J]. 税务研究，2020（2）：23-30.

对比特币市场税收管理的思考和建议

———— 摘要 ————

　　比特币交易市场和因比特币而兴起的实体产业链金额巨大，达到了万亿元量级。比特币作为一种底层协议的应用，是无法用行政命令"一刀切"禁止的。对于金融科技的发展，在理念上应该采取包容审慎的态度，在产业层面应该看到其所带动的实体产业的发展以及技术的进步。有所得和增值就应该课税。目前，中国在比特币交易的税收征管上尚属空白，应该立法先行，对比特币的属性进行定义，确定税制要素。具体到征税上，第一，要对获取的比特币征收"数字资源税"；第二，要根据企业或个人取得比特币期间的公允价值净值征收所得税（原始所得）；第三，要对在比特币交易市场买卖比特币的净收益征收资本利得税；第四，用比特币买卖或交换货物和服务应按公允价值征收流转税；第五，用比特币支付工资或其他报酬要征收个人所得税。此外，还应该对虚拟货币交易和提现进行实名报备，加强国际监管协作。

关键词：比特币　税收管理　数字财产　资本利得税

比特币是近几年来金融领域的一个热门话题，世界各国对比特币的态度也有明显的区别。比特币是建构在区块链技术上的一个应用。区块链技术，从本质上说，它是一种数据库、一种分布式系统、一种网络底层协议。这种技术，随着比特币的产生和交易，未来应用前景广阔。在公众的一般认识中，比特币是"虚拟货币"，其高度投机，炒作无度，而且因其去中心化、点对点的交易特点，极易被用作非法的金融用途，破坏金融市场秩序。2017年9月，中国的比特币交易市场被叫停。但由于比特币是网络底层协议，只要互联网存在，其"挖矿"和交易是跨国界的，因而也无法被一国所完全禁止。

2017年12月，比特币最高价格曾接近2万美元一个，全年涨幅高达1 700%。2018年受多方政策影响，比特币价格波动巨大，当前的比特币价格为9 979美元。[①] 以已挖出的1 700万个币计算，当前的比特币市值约1 696亿美元，折合人民币高达1.08万亿元。

伴随"挖矿"的进行，一个比特币的相关实体经济产业链已经在形成，而且这个产业链规模高达数千亿元，未来还可能持续地发展。在这种背景下，有必要重新思考对比特币的监管策略和措施。税收在国家治理中，起着基础性、支柱性、保障性作用，对于万亿市值的比特币交易，如何在规范中发展，在发展中规范，税收的角色不容缺位。

本文以世界最大的比特币"矿机"生产企业——B公司为例，分析B公司及其母公司A公司及相关产业链的现状和发展，有助于我们从理论回到实际，从虚拟回到实体，进而对千亿产业链万亿市值比特币市场的税收管理进行深度思考。

---

① 搜狐财经.不止瑞波币，加密货币市场2018年首秀百花齐放 [EB/OL].（2018-01-05）[2018-06-04]. http://www.sohu.com/a/214867884_114912.

一、比特币挖矿相关产业的发展现状和前景

生产比特币，除了需要耗费惊人的电力，更需要经过芯片研发、芯片封装、挖矿机生产销售、矿池运营、比特币网络维护等一系列环节。数据表明，比特币等虚拟货币正以其强大的内在能量推动着实体经济的发展。

（一）挖矿催生技术进步和产业发展

A 公司是一家专注于超高性能计算研发的公司，比特币挖矿机就是该公司对外销售的主要产品，拥有 70% 以上的市场份额，被称作全世界最有价值的比特币行业公司。[①]A 公司主要负责挖矿机芯片的研发，在区块链超算服务器领域长期保持世界领先地位。而隐藏在 A 公司背后的全资子公司 B 公司，是 A 公司硬件研发和成品生产基地，负责将 A 公司研发成功的芯片、运算软件等组装生产成挖矿机。

B 公司自成立以来，发展势头迅猛，2014 年全年营业收入 1.69 亿元，2017 年全年收入达到 107 亿元，3 年间增长 60 多倍。在出口方面，销售额同样增长迅猛，从 2014 年 7 400 万元增长到 2017 年 17.71 亿元，涨幅高达 23.93 倍。成立短短 4 年，B 公司的销售实现了数十倍的增长，达到百亿规模。B 公司 2018 年的销售额继续快速增长，仅 1—4 月就超越了 2017 年全年的销售额，达到 121.83 亿元。其中，出口销售额达 66.27 亿元。同时，B 公司预计 2018 年全年销售额将超过 400 亿元。[②]

---

① 相关数据由笔者根据 A 公司的内部资料整理得出。
② 相关数据来源于税务部门征管系统。

（二）比特币挖矿业背后的千亿产业链

B公司的挖矿机主要销往A公司和海外市场，A公司采用网上销售的方式进行转销。作为挖矿机的组装和生产商，B公司创造了惊人的产业规模。再向上追溯，B公司拥有近600家供应商。从其上下游全流程考察，隐藏在其背后的是高达数千亿元的实体经济产业链。[①]

B公司生产组装的挖矿机销往世界各地的矿池。按照比特币矿池算力占比排名榜，中国矿池以高达81%的哈希算力，高居榜首。[②]电力成本成为比特币产业链中最浓墨重彩的一环，决定着挖矿产业的生存可能。在新疆、内蒙古、四川、贵州等电力资源充裕且电价较低的地区，布局着大大小小的矿池，密密麻麻的挖矿机和呼呼旋转的风扇日夜不停，进行着运算能力的比拼。B公司生产的蚂蚁S9矿机因具有低功耗、高算力等特点迅速成为各大矿池的主打矿机。

可以说，B公司最初的发展，无论是巅峰还是低谷，都与比特币的涨跌密切相关。现在大多数的比特币公司，都已经拥有雄厚的资本积累和技术积累，人工智能业务也发展迅速，潜力巨大。另外，A公司的矿机芯片和AI芯片是拥有独立知识产权的"中国芯"。正是因为比特币的发明和比特币交易的进行，集合芯片研发、配件生产、挖矿机组装、矿池运营等的高达数千亿产业链已然形成并将逐步发展壮大。

二、世界各国比特币的应用现状和监管

比特币价值的几何式增长意味着其传播度与认可度的不断提升，并形

---

① 相关数据由笔者根据A公司和B公司的内部资料整理得出。

② 袁源. 矿池江湖 [N]. 国际金融报，2017-09-11（01）.

成了挖矿、交易、投资、托管服务、芯片生产等一系列产业链。全世界都不可避免地被卷入了这场技术创新带来的大变革之中，各国政府态度的变化也作为比特币发展进程中的推手直接影响其价格的波动。总体来看，世界各国对比特币是日趋认同的，而对比特币交易的监管也先后提上了日程。

（一）复杂的先驱者：美国

无论是对比特币的应用还是监管，美国都是先驱者。早在2010年，美国就出现了使用比特币购买商品的情况。2014年美国国内收入局（IRS）出台的21号通告，基于税收目的将比特币视为资产而非货币，并明确适用于资产交易的一般税收原则也适用于虚拟货币的交易。

美国还对比特币交易所实行较为严格的管理，要求比特币交易所向政府提交相关用户信息，一定程度上破除了比特币的匿名性。华盛顿州更是对数字货币交易所实行牌照管理，要求数字货币交易所需经独立第三方审核并购买一定金额的"风险保证债券"。

但与此同时，美国又采取了一些鼓励比特币发展的举措，如2017年7月经美国商品期货交易委员会（CFTC）批准，加密货币交易平台运营商LedgerX LLC正式成为一家受美国联邦监管的合法数字货币交易所及衍生品合约清算所，推出全球首款比特币期货合约。

由于美国实施联邦制，各个州的立法情况较为复杂，但总体来说美国对比特币所持的是一种鼓励与监管并行的立场。

（二）有力的推广者：德国、日本等

2013年8月，德国成为世界首个承认比特币合法地位的国家。德国财政部将比特币归类为"货币单位"及"私人资金"，明确个人使用比特币免税，但进行商业用途则要征税。德国政府对比特币的政策较为明朗且稳定。

加拿大政府也承认比特币的"货币地位"。2013年12月，首个比特币 ATM 机在温哥华投入使用，并取得了不错的交易成绩。

比特币在日本最初并不具备合法地位，但官方并不禁止个人或合法实体交易和支付。2016年，日本批准数字货币监管法案，将加密货币视为"法定货币的类似品"纳入监管。2017年4月1日，日本修订的《支付服务法案》正式生效，比特币作为虚拟货币，其支付手段的合法性得到承认。自此，比特币支付在日本得到大力推广，并拓展到日常零售服务行业。同年7月，日本新版消费税正式生效，比特币交易不再需要缴纳 8% 的消费税。[①]

同日本一样，澳大利亚对比特币也持越来越认同的态度。2017年7月，澳大利亚的比特币立法生效，比特币在该国成为合法货币。且该国废除了比特币货物与劳务税，从立法上免去了对比特币的双重征税。

（三）审慎的反对者：俄罗斯等

俄罗斯在对待比特币问题上曾是强硬的反对派。2014年2月，俄罗斯总检察院办公室发表声明，明确禁止在俄罗斯境内使用比特币。但这种情况在近年有所松动，有消息称俄罗斯央行将提议将比特币定为数字商品，并对其进行征税。[②]

泰国此前也明令禁止比特币，将买卖比特币、用比特币支付以及与境外人员进行比特币交易均视为非法行为。不过最近，与俄罗斯相似，这种严令禁止的态度也有松动的趋势。

与俄泰两国不同，中韩两国仍然保持了一贯的立场。韩国拒绝承认比

---

① ②　周炎炎. 国外怎么监管比特币？韩国最严，日本最宽松，美国牌照化管理 [EB/OL].（2017-09-12）[2018-06-04].http://tech.sina.com.cn/i/2017-09-12/doc-ifykuftz6328510.shtml.

特币的货币地位，并在2017年加强了对比特币等数字货币的监管，对利用数字货币进行洗钱、非法融资和其他违法交易的行为展开调查。

2013年印发的《中国人民银行 工业和信息化部 中国银行业监督管理委员会 中国证券监督管理委员会 中国保险监督管理委员会关于防范比特币风险的通知》（银发〔2013〕289号）认为比特币不具有法偿性与强制性等货币属性，并不是货币，不应作为货币流通使用。2017年9月，《中国人民银行 中央网信办 工业和信息化部 工商总局 银监会 证监会 保监会关于防范代币发行融资风险的公告》指出，ICO（虚拟代币首次发行）属于非法集资行为，禁止比特币及其他虚拟货币的人民币交易。表面上看，中国对虚拟货币的监管进入了最严时期，这种全面禁止的态度实际上是"一刀切"。比特币交易所实际上是有限制去中心化的意义，是规范比特币交易的重要一环。当前，"一刀切"地关停了比特币交易所，但比特币交易并不会因为关闭了交易所而停止，只是转入了地下或国外交易平台，这种监管措施难以达到预期的目的。

（四）中立的观望者：欧盟等

除了上述采取了明确措施的诸国之外，欧盟各国、英国、印度、以色列、新加坡等国也密切关注比特币的发展，一方面向国民提示比特币投资的风险，但并不干涉比特币的民间交易行为，另一方面也在积极考虑明确比特币的法律地位，将其纳入监管体系，开展税收征管、反洗钱等一系列管理活动。

三、对中国比特币产业的税收制度和监管的基本思路

纵观现有比特币相关文献，笔者发现几乎所有的文献都是单纯地从虚

拟经济或者虚拟货币的角度考量对比特币的监管，未看到比特币在推动实体经济发展、研发能力提升、资本积累等方面发挥的积极作用。正如所有新技术、新事物都需经历逐步被接受的过程，我们对这种新事物也应该抱以包容审慎的态度去看待。在美国大淘金时代，真正淘金致富者不多，但是淘金设备的制造商，却从小到大，逐渐成了全球领先的机械制造企业。许多武器的发明和制造，大多并没有真正使用过，却创造出了需求，推动了技术发展。在比特币挖矿运算能力比赛中，我国的矿池算力占世界份额的90%，这既是技术进步的表现，也在创造就业和税收。[①] 那么，下一步如何做到更好地包容新技术的发展，又进行必要的规范监管呢？笔者建议，可以创新思想和理念，借鉴国外已采取的监管举措，形成符合我国实际的一整套监管策略和思路，特别是对于高达万亿元规模的比特币交易，税收不应缺位，应该有所作为。

（一）采取审慎包容的监管策略，在发展中规范

新技术、新业态的出现，对于现行秩序来说是一种冲击，无论是微信、滴滴出行还是共享单车的出现都一样。比特币因为具有天然去中心化的特点，又涉及货币和金融安全，需要以更谨慎的态度去对待。但正由于其点对点的技术特点，而且又是网络底层协议，显然不可能在一国国界范围内被完全控制，既然无法完全封堵，而新技术又可为未来发展带来可能的机会，笔者建议，首先应包容其存在，提供在监管范围内的交易平台，同时通过制度、规则、手段和协作等方式，限制其潜在的不良影响。比如，可以参照美国的做法，打破匿名制，让比特币交易在合法的平台、公开的场所有备案、有监管地进行。

---

① 哈希财经.中国矿池公司全网算力占比达90%[EB/OL].（2018-04-14）[2018-06-04].https：//mp.weixin.qq.com/s/Bm4ijbRIIcRBbfgNy2K-nw.

（二）明确比特币的属性，纳入税收监管

在监管策略上，有两种相反的取向：一是零监管，二是全禁止。目前，我国的监管倾向是全禁止。但由于比特币的内在机理，比特币挖矿是禁止不了的，要求矿池逐渐关闭，实际上是让矿池逐渐搬离到境外。目前，比特币挖矿机的生产销售环节，是要缴纳增值税、企业所得税等一系列税款的，仅就前文 B 公司而言，2017 年缴纳企业所得税高达 7 199 万元，比 2016 年增长近 4 倍。[①] 同时，其巨大的销售规模也带动了 600 多家供应商的发展壮大，做出了税收和就业的贡献。如果比特币挖矿机生产企业和矿池运作搬离到境外，一方面会减少企业所得税和增值税等税收收入，同时大规模增加出口退税。受政策影响，B 公司原以内销为主，变成了内销出口并重，如果国内矿池全部关闭，那么 B 公司将变成全出口企业。B 公司 2018 年出口销售规模大幅增长，仅 1—4 月份的出口退税额就高达 9.9 亿元，同比增长数十倍。[②] 另一方面，也将对国内已经形成了的比特币的千亿产业链产生影响。如果其母公司 A 公司总部迁往境外，还将造成资本和技术的外流，这和当前中国制造 2025 计划是相违背的。

因此，笔者建议，在制度规则上，立法先行，在确保法定货币地位不受影响的基础上，对比特币进行法律层面上的定性，将虚拟货币与其他各种形式的数字货币明确区分。同时，要对虚拟货币交易平台实施许可制的准入门槛，并要求其承担相应的用户保护、反洗钱、反恐怖融资等义务，形成新时代有中国特色的虚拟货币规制体系。另外，还可以参照美国 IRS 2014 年出台的 21 号公告，将比特币等虚拟货币定义为一种特殊的"数字财产"（有部分支付功能，但又不是货币），适用与普通财产一样的税收规则。

---

① 相关数据由笔者根据 B 公司的内部资料整理得出。

② 数据根据税务部门征管系统统计得出。

（三）对挖矿取得的比特币，课征数字资源税和所得税

要将挖矿产生比特币的过程视为一种资源的开采行为，从价或从量课征（比特币）资源税。挖矿的原理是谁先算出结果，区块链归谁（目前挖出一块区块链即产生12.5个比特币，以后年度还会不断递减[①]）。随着待挖掘比特币数量的不断减少，挖矿难度不断上升，想要挖到矿（比特币），必须组成矿池运作。比特币交易是在互联网中进行的，属于虚拟经济，但矿池是具有实际载体的，由成千上万的挖矿机组成，矿工进行运作。根据当前的运算难度，拥有5 000台矿机的中型矿场，一天消耗16.2万度电，平均可以挖出9个比特币。[②] 这种挖矿行为，消耗了大量的电力资源，从互联网中挖出区块链（比特币），生产模式和实体矿山开采自然资源的性质是一样的，所以在税收征管上，进行源泉管控是可行的。在规则先行的前提下，规定挖矿产生的比特币要征税，并且由矿池所有者（矿主）申报。

矿主除了要申报数字资源税外，对于挖矿取得的比特币，还应根据其公允价值，扣除成本、费用、损失和税金后的净值，按季度计算缴纳企业所得税（或个人所得税），年度汇算清缴。当前，由于70%—80%的矿池在中国，[③]我们通过征税的规范化监管，实际上能实时控制和掌握比特币产生的数量和流向。如果有一天比特币真如黄金一样变成了一般等价物，就意味着我们国家先行建立起了比特币储备，这也是具有战略意义的。

（四）对于构成资本财产的虚拟货币，课征资本利得税

通过借鉴美国 IRS 出台的21号通告，将比特币视为资产而非货币，

---

① 搜狐财经.区块链研究报告：从信任机器到产业浪潮还有多远？[EB/OL].（2018-05-27）[2018-06-04]. https：//m.sohu.com/n/538887029/.
②③ 刘丰收.比特币大潮下疯狂的矿机 [EB/OL].（2018-01-04）[2018-06-04]. http：//m.iheima.com/article/166768.

适用于资产交易的一般税收原则也适用于虚拟货币的交易，应当进行纳税申报。确定构成资本财产的要件，对构成资本财产的比特币等虚拟货币，应像股票、债券和其他投资资产一样，课征资本利得税。一方面，这是一个很大的税源，可以起到筹集财政收入的作用；另一方面，这也是对比特币进行规范化管理的重要体现。

（五）对于作为支付手段的虚拟货币，按公允价值确定收入计税

现在已经有不少国家，允许使用比特币进行商品和服务交易，如日本、美国。在日本，可以直接使用比特币账户在超市购买货物和服务。美国 IRS 2014 年出台的 21 号通告也规定，使用比特币等虚拟货币购买商品和服务进行贸易和生意的，其取得的比特币，要按照取得日当天的公允价值换算成美元收入，达到起征点或符合应税收入条件的要申报纳税。在我们将比特币定义为"数字财产"的前提下，使用比特币购买商品和服务的行为就相当于"以货易货"。取得比特币一方作视同销售处理，应该就取得的比特币折算成人民币确认收入，缴纳货物和劳务税。以比特币发放工资、报酬的也应折算成人民币，确认收入计征个人所得税。

（六）建立统一平台，实行牌照管理

要建立统一平台，加强准入制度，禁止未依法依规进行注册登记的个人在平台上交易。在 2017 年 9 月以前，我国是允许交易的，但规定必须在合格的交易所交易且提现要实名认证和报备。这实际上在解决比特币因匿名性而无法监管的难题。美国和德国的监管思路也是这样的。笔者认为，通过明文规定比特币合法交易的构成要件，促使交易者为了参与到交易中而不得不打破匿名性所带来的监管风险是具有可行性的。对于大宗交易者

来说，为了规避法律风险，追求确定性，保障交易双方的权利，大多会选择合规发展的道路。

对此，笔者建议，由政府牵头规范虚拟货币交易平台，将虚拟货币交易纳入金融监管，加强准入登记制度，对注册登记的个人实行实名制并审核。取缔关闭交易平台无法真正阻止和全面禁止比特币交易，反而将交易放任到完全没有监管的环境下，无法采取反洗钱、反恐怖融资等监管措施，使得通过虚拟货币交易进行违法犯罪活动的风险上升，也给虚拟货币持有者带来了更大的风险。

（七）开展国际协作，增强监管的协同性和一致性

比特币系统是分布式的，只有关闭全球的对等网络（P2P）才能真正停止比特币流通，一国监管部门对此显然力有未逮，所以一味封杀禁绝的效果必然有限。当前，银行业有最新版的《巴塞尔协议》，税收部门有《BEPS 行动计划》和《金融账户涉税信息自动交换标准》。在比特币监管上，国际上的监管模式尚处于萌芽阶段，当前各国都从本国出发，未形成国际统一的监管网络，容易让比特币犯罪分子有机可乘。笔者认为，比特币监管应该通过二十国集团或国际货币基金等组织，进行协助、协商和协作，提升国际监管的协同性和一致性，只有这样，才可以避免比特币地下流通，震慑跨境资本自由流动等冲击金融体系安全的行为，也让新技术——区块链技术以及建构于区块链技术之上的各种应用和由此形成的实体产业链得到充分的发展，以促进经济社会繁荣，增进人类福祉。

（《税务研究》2018 年第 7 期）

参考文献

[1] 徐明星，刘勇，段新星，等. 区块链：重塑经济与世界 [M]. 北京：中信出版社，2016.

[2] 王凯风. 比特币的原理、作用与监管策略浅探 [J]. 金融与经济，2013（11）：64-67.

[3] 张春燕. 比特币税收问题研究：兼议美国国内收入局第2014-21号通告 [J]. 国际税收，2015（4）：68-71.

[4] 卜权政，贾兰霞. 比特币税收问题面面观 [J]. 国际税收，2014（6）：74-76.

[5] 贾丽平. 我国虚拟财产交易征税：现状、问题与对策 [J]. 税务研究，2014（4）：88-91.

[6] 玄立平，李函晟，王佳. 浅议虚拟货币反洗钱 [J]. 知识经济，2017（24）：50-51.

[7] 李森. 区块链模式下金融业创新与监管研究 [J]. 华北金融，2017（9）：54-57.

[8] 杨东，陈哲立. 虚拟货币立法：日本经验与对中国的启示 [J]. 证券市场导报，2018（2）.

新政策下强化外贸综合服务企业
出口退税管理的建议

———— 摘要 ————

外贸综合服务企业对于扩大中小企业的出口有帮助，但也存在责任承担错位、管理监控有限、奖惩机制缺失的问题。要从加强信息共享，强化内控机制，扩大实名办税范围，健全信息系统，实施"穿透式"管理等方面，防范出口退税风险，促进行业规范健康发展。

关键词： 外贸综合服务企业　中小企业　出口退税

2017年9月13日颁布的《国家税务总局关于调整完善外贸综合服务企业办理出口货物退（免）税有关事项的公告》（国家税务总局公告2017年第35号，以下简称"35号公告"），解决了《国家税务总局关于外贸综合服务企业出口货物退（免）税有关问题的公告》（国家税务总局公告2014年第13号，以下简称"13号公告"）中存在的外贸综合服务企业（以下简称"外贸综服企业"）承担责任过重、税务机关监管缺乏针对性、管理规定过于笼统等问题。本文从外贸综服企业的产生背景和发展现状入手，分析了原有政策下外贸综服企业出口退（免）税管理存在的问题和新政策所带来的各项利好，并提出防范出口退税风险，促进行业规范健康发展的管理建议。

一、外贸综合服务企业的产生背景和发展现状

（一）产生背景

我国是对外贸易大国，90% 以上的中小企业有出口需求。2008 年年底全球金融危机爆发后，受国际贸易环境恶化、人民币汇率升值等因素影响，我国中小企业出口交易量大幅下降。特别是受发达国家实施"再工业化"等经济战略吸引，部分中高端制造业向发达国家回流，以及我国低端加工制造向成本更低的东南亚国家转移等因素的影响，我国出口面临更加激烈的竞争，传统的单一化、节点化的服务模式已无法有效解决中小企业进出口所面临的成本压力和进出口效率问题。在此背景下，以深圳市一达通企业服务有限公司（以下简称"一达通公司"）为代表的外贸综服企业应运而生。一方面，外贸综服企业通过对具有出口需求的生产企业提供一揽子的报关、物流、外汇、退税、融资等进出口服务，使生产企业从各种烦琐的外贸交易业务环节中解脱出来，专注于产品加工或生产等核心业务，降低贸易费用的同时提高产品竞争力；另一方面，外贸综服企业通过贸易流程的模块化分工降低贸易进出口的协调成本，各流程团队根据自身比较优势实现核心模块的专业化经营，通过"化零为整"的方式获得规模经济效益。外贸综服企业的产生和发展既是现实需要，也符合亚当·斯密的分工理论，即通过专业分工可以实现劳动生产率的提高并促进交易水平。

（二）发展现状

外贸综服企业作为外贸新业态，近年来得到了快速发展。2013年7月，国务院常务会议制定了促外贸"国六条"，第一次明确提出"外贸综合服务企业"的概念，并支持其为国内中小生产企业提供通关、退税、融资等服务。据深圳市国家税务局退税审核系统的数据显示，截至2017年12月，已在深圳登记的外贸综服企业达到51户，年累计办理出口退税额195亿元，占据了深圳市外贸企业出口退税总额391亿元的半壁江山，成为深圳市外贸企业出口退税的重要组成部分。

一达通公司作为外贸综服企业的典型代表，成立于2001年，是我国首家中小企业外贸综合服务平台，通过互联网平台为中小企业提供通关、物流、退税、外汇、金融等进出口服务，目前已形成"N+1+N"的全球供应链服务体系，并形成了通过利用平台强大的客户资源与物流、保险、金融机构等第三方合作的方式，从第三方获得增值收益的特有盈利模式。根据一达通公司网站数据显示，截至2017年年末，该公司服务中小企业12万家，2017年外贸进出口额191亿美元，同比下降15%；年累计办理退税173亿元，同比增长19%。

二、外贸综合服务企业出口退（免）税管理存在的问题

外贸综服企业在助推外贸行业发展、拉动出口增长方面发挥着举足轻重的作用。但在35号公告出台前，13号公告在对外贸综服企业出口退（免）税的管理过程中存在一些问题，阻碍着外贸行业的规范有序发展。

（一）责任承担错位，行业发展受限

13号公告规定外贸综服企业以自营方式出口国内生产企业与境外单位或个人签约的出口货物，货款由境外单位或个人支付给外贸综服企业，发生虚开增值税扣税凭证、骗取出口退税等涉税违法行为的，外贸综服企业作为责任主体接受处理，承担退税款被暂扣甚至不予退税的风险。外贸综服企业经营的主要方式是通过收取一定比例的手续费为生产企业先行垫付退税款，退税款先行支付，手续费实际为生产企业先行拿到退税款的利息。该规定使外贸综服企业不得不对实为代理的业务承担自营的责任，这对外贸综服企业来说获取的收益和可能需要承担的风险不对等，但迫于市场竞争和业务拓展的需要，难以改变垫付退税款的商业模式。先行取得退税款，避免繁杂冗长的申报退税流程，是生产企业选择外贸综服企业代办退税最大的原因，也是外贸综服企业生存发展的核心竞争力。

（二）管理监控有限，存在风险漏洞

对生产企业负有直接监管职责的主体主要有两个：生产企业主管税务机关（以下简称"征管部门"）和外贸综服企业。但两大主体承接的职能相互割裂、相互闭塞，甚至形成对立面。深圳市设立的外贸综服企业达50余家，外贸综服企业受发展规模、服务特色等因素影响，对生产企业出口风险的把控程度不同。外贸综服企业负有核实生产企业业务真实性的职责，但如何进行核实并未明确规定。

在原有政策规定下，征管部门对生产企业的监管参照外贸企业的供货企业，除核实退税机关发起的函调外，管理和内销企业无差别。因内销企业数量巨大，税务机关由于人力物力等因素的限制无法对其进行长期关注。因此，在实践中发现部分企业在税务机关核查完毕减少关注后，存在开具虚假发票的问题。根据征管部门函调数据显示，对生产企业的函调核实中，

10%以上的企业在调查环节出现走逃失联现象，存在意图骗取出口退税的现象。而对于自行办理退税的出口企业而言，每月除申报增值税外，需单独申报免抵退税，税务机关可以根据企业的退税增减情况实时关注企业经营动态，对于异常增长的供销情况进行函调核实，监管举措更为有效。

（三）奖惩机制缺失，改进动力不足

无论是对外贸综服企业还是生产企业而言，都存在奖惩机制缺失的问题。2016年9月开始实施的《出口退（免）税企业分类管理办法》，将外贸综服企业列入分类管理范畴，规定管理类别越高，出口退税的审批时限越短。然而在实际退税中，时限要求仅体现在审批流程，最后退税到账的时间却无规定。这对于看重货币时间价值的外贸综服企业来说，缺乏足够的动力去争取更高的管理类别。

此外，税务机关对外贸综服企业如何建立风控平台和标准的风控制度，缺乏指引性的规定。无论外贸综服企业在代办退税过程中是否存在主观故意或者过失，均作为责任主体承担退税风险的规定使其缺乏动力建立完善的风控体系。

三、35号公告的积极作用

35号公告的出台解决了13号公告中存在的外贸综服企业承担责任过重，税务机关监管缺乏针对性，征管部门、退税部门和外贸综服企业监管力量分散无法形成合力等问题，有利于促进外贸综服企业健康规范发展，有利于防范和打击出口骗税，有利于确保国家税款安全。

（一）有利于促进外贸综服企业规范健康发展

一是还责于生产企业，正视外贸综服企业的代理角色，外贸综服企业仅承担与其收益相匹配的风险。35号公告改变了外贸综服企业"假自营真代理"的尴尬局面，根据业务的特性明确规定外贸综服企业与生产企业仅签订外贸综合服务合同（协议），实行"谁出口、谁收汇；谁退税、谁主责"。生产企业如果发生涉税违法行为，外贸综服企业仅在未履行相关监管职责，且生产企业未能按规定将税款补缴入库时承担连带责任，将生产企业未能补缴入库所涉及的税款进行补缴。

二是加强诚信激励和失信惩戒，强制性和鼓励性措施并举。35号公告规定外贸综服企业需建立较为完善的出口退税风险管控机制并向税务机关备案。退税部门根据外贸综服企业代办退税情况制定了细致的动态调整规定，对于办理的不予退税业务超过一定比例的外贸综服企业，管理类别实时下调。同时严格遵照分类管理的规定，按管理类别由高到低办结退税。

三是扩大委托对象和出口货物范围。35号公告将可以委托外贸综服企业代办退税的对象由国内中小型生产企业扩大至国内的生产企业，对生产企业的经营规模不再设定限制；出口货物由生产企业自产货物扩大为自产货物或视同自产货物。

（二）有利于防范和打击出口骗税

35号公告改变了之前征管部门和退税部门分段管理的割裂状态，实现了监管职能和信息的整合，对事前、事中、事后各环节加强监管，形成征管闭环。

一是外贸综服企业建立内部风险管控制度和信息系统，通过工商验证、法人实名认证、实地看厂、订单审核、物流轨迹跟踪等多环节着力，从订单建立至退税办结全流程把控，杜绝意图骗取出口退税企业扰乱外贸行业发展秩序。

二是增加征管部门职能，对于委托代办退税的生产企业先行进行备案和实地核查，严把准入关，从源头防范无设备、无工人、无经营场所企业的骗税行为。同时调整管理模式，通过退税部门传递相关系统数据，加强对生产企业的预警评估分析。

三是退税部门把控最终退税环节，通过向征管部门发起函调等手段了解生产企业出口交易的真实性，并将审核中发现的骗税疑点及时反馈至征管部门，利于征管部门有针对性地开展评估核查工作。

（三）有利于确保国家税款安全

一是退税部门发现代办退税的出口业务存在异常情形时，能截留暂扣退税款，对于尚未办结的出口业务暂缓退税，已办结的进行等额暂缓办理退税。

二是征管部门负责对应予追回的退税款向生产企业进行追缴，并以此为线索对有疑点的生产企业的进销情况进行延伸核查，对货物品名严重背离的发票列为异常凭证或失控票防止税款流失。

三是针对走逃失联的生产企业，无法向其追缴退税款时，由外贸综服企业承担连带责任补缴退税款。

四、促进外贸综服企业健康发展，防范出口退税管理风险的建议

35号公告的实施为外贸综服企业带来了众多利好，解决了其后顾之忧。对于税务机关来说，征管有了有力抓手，退税有了兜底保障。促进我国外贸综服企业健康发展，防范出口退税管理风险需要征管部门、退税部

门和外贸综服企业三方形成合力，并充分发挥社会共治的作用。

（一）各部门加强信息共享，实现协力护税

税务机关监管的有效领域主要在生产企业从购进到生产销售的流程，后续的报关、收汇、物流等环节信息掌握在外贸综服企业和海关手里，市场监管、街道等相关部门最早掌握生产企业的注册登记、租赁、水电能耗等信息。建议由政府部门牵头构建一个基于税务、市场监管、海关、银行、外汇、外贸综服企业以及相关部门之间的信息共享平台，打通税务机关和其他各部门间的沟通壁垒，将相互断裂的信息链进行整合，这样既有利于政府部门实时了解企业的经营情况，也有利于税务机关和外贸综服企业建立更具实用性和时效性的风控管理平台，预防管控风险，促进实体经济和外贸行业的健康规范发展。

（二）借鉴外贸综服企业内控系统，实施风险防控共治

35号公告规定，外贸综服企业必须制定代办退税内部风险管控制度，包括风险控制流程、规则、管理制度等。必须建立代办退税风险管控信息系统，对生产企业的经营情况和生产能力进行分析，对代办退税的出口业务进行事前、事中、事后的风险识别、分析。事实上，外贸综服企业出于自身利益考虑，需要进行严格的风险管控，拥有较为完整的风险控制系统。这些系统包括事前——严格准入风险扫描，实证覆盖；事中——基于大数据风险识别；事后——着重数据分析监测和处置以及相应的风险策略等。这套数据和分析方法虽然跟税务风控的侧重点有所不同，但该数据更全面、方法更多样、画像更精准，税务机关应该借鉴或共享相关数据、分析方法和分析结果，共同防范骗税风险。

（三）扩大实名办税范围，建立信用积分制度

根据《国家税务总局关于推行实名办税的意见》（税总发〔2016〕111号），目前全国已经有31个省级税务局全面推行了实名办税。深圳市国家税务局、深圳市地方税务局也发布了联合公告，自2018年3月1日起，税务机关将全面实行实名办税，除纳税信用评价为A级及经主管税务机关确认的纳税人外，其他法定代表人均须办理实名认证。在实名办税的过渡期，有少数不法分子临时雇用社会闲散人员办理虚假实名认证，实名制并未对其起到监管作用。对此，建议扩大实名制办税范围，对企业大股东、高管实行实名制，并不定期抽查实名制人员的活动范围，杜绝虚假实名的情况。同时，以实名办税为契机，建立企业负责人（大股东、高管）信用积分制度，逐步实现纳税信用"可视化"，将纳税信用体系融入社会信用体系，限制失信企业负责人的信贷、交通等活动。在退税方面，综合外贸综服企业的管理类别、生产企业的纳税信用评价及相关负责人的信用积分情况，最终确定退税业务的风险级别和退税办结时间。

（四）采用"揭开公司面纱"制度，追究利益相关人的责任

在持续开展"便民办税春风行动"的过程中，税务机关竭尽全力大幅缩短各项流程的办结时间。便捷的纳税服务在为纳税人提供便利的同时，也被别有用心的违法分子利用，其利用虚假的身份证注册企业，虚开巨额发票、骗取出口退税等。传统管理模式是对企业的管理，对于同一法人名下注册上百家企业的现象，税务机关虽然耗费大量的人力物力，但实质上并未起到有效监管。对此，建议税务机关采用公司法的"揭开公司面纱"

制度①，在扩大实名制的基础上，限制具有不良信用记录的同一法人名下注册企业的数量。同时，将同一法人（控股股东）成立的企业作为关联企业共同监管，一家公司涉及虚开发票、骗取出口退税走逃后，由其同一法人的关联企业按控股股东的持股比例承担连带责任。

（五）集成整合信息系统，实现交易记录全流程共享

构建稳固强大的信息体系是实现税收现代化的基础，也是管控税收风险的"主支撑"。要实现这一目标，首先应集成整合信息系统，加快金税三期系统与增值税发票管理新系统、网上办税系统的系统集成步伐，实现三大系统功能整合、数据互通、一体运维。此外，建议采用区块链技术。区块链技术具有去中心化、可追溯性、不可篡改性、公开透明性等特点，可以实现货物信息从生产到出口全流程的详细记录，通过将增值税出口退税规则直接写入区块链数据链条，可以快速识别票证单据与交易记录相关数据的不匹配，快速识别骗取出口退税的行为。

（《国际税收》2018年第4期）

--------------------- 参考文献 ---------------------

[1] 李琰，管永昊.外贸综合服务企业公共政策落地性和合理性探析[J].税收经济研究，2017（4）：90-95.

[2] 邓志新，张俊.中小外贸企业服务外包模式探索：以深圳一达通

---

① "揭开公司面纱"制度又称"公司人格否认"，是指控股股东滥用公司法人独立地位和股东有限责任逃避债务，严重损害公司债权人利益时，法院或仲裁机构有权责令控股股东直接向公司债权人履行法律义务、承担法律责任。

企业服务有限公司为例 [J]. 特区经济，2013（2）：204-205.

[3] 姜永宏，汪江，赵永亮. 外贸服务业新业态的演变价值：基于分工理论的阐述 [J]. 管理世界，2015（1）：178-179.

[4] 王文清，仲崇文，刘运宇. 外贸综合服务企业代办退税新政解读 [J]. 中国税务，2017（11）：52-54.

[5] 方虹，赵淑华，陈向东，等. 外贸综合服务业的发展及对我国外贸转型升级的意义（研究报告）[Z]. 中国经济改革研究基金会2014年研究课题汇编. 2015（6）.

[6] 张之乐. 以区块链技术促进纳税遵从的设想 [J]. 税务研究，2017（12）：108-111.

应税服务出口退（免）税管理
问题的对策浅探

———————————— 摘要 ————————————

　　从2012年开始，上海以及北京等10省市陆续对部分行业进行营业税
改征增值税试点（以下简称"营改增"）。这是继2009年全面实施增值税
转型改革后，我国税制改革进程中的又一个标志性事件。但是营业税改征
增值税后，尤其是应税服务实行退（免）税随之而来的税种管理、风险防
范问题，也应引起高度关注。税务部门应未雨绸缪、完善对策，努力实现
税制改革的预期目标。

　　关键词： 应税服务　出口退（免）税　"营改增"

一、应税服务适用零税率和免税政策的意义

（一）有利于扩大服务出口，减少服务贸易逆差

　　改革开放以来，尤其是2001年加入世贸组织以来，我国成为世界贸
易的大国，进出口总额世界排名从第六位跃居第二位。外贸出口连续多

年保持顺差，成为拉动国内生产总值（GDP）增长的三驾马车之一。然而，在外贸出口多年保持顺差的背后，服务贸易逆差却未引起足够重视。据统计，2012年上半年我国服务贸易出口额为906亿美元，进口为1 274亿美元，服务贸易逆差持续扩大，贸易逆差额高达368亿美元，比2011年同期增长86.8%，创历史新高。服务贸易出现逆差的核心原因在于我国的服务产品的竞争力不强；而对服务课征营业税，导致重复征税，出口不能退税，也是影响服务产品竞争力的重要制度因素。对应税服务适用零税率和免税政策，将有助于降低这个不利影响，有利于扩大服务出口，减少服务贸易逆差。

（二）有利于技术开发企业发展，促进经济发展方式转变

购进货物所含增值税可以抵扣，购进技术、无形资产等所含营业税及增值税不允许抵扣，表面上是不利于企业购进技术，实质上，最大的危害在于它极大地限制了我国技术开发企业的发展[1]。"营改增"后，对向境外单位提供研发、设计服务的，适用零税率，一般纳税人实行免抵退，小规模纳税人免税。这个规定是对我国先进技术开发企业（如中兴通讯、华为等公司）多年来诉求的积极回应，必将有利于先进技术企业从产品提供者向服务提供者转变，对于我国从制造大国向创造大国转变，促进企业加大技术开发投入和产出，转变经济发展方式，均有十分积极的意义。

（三）有利于完善增值税税制，减轻对经济的扭曲影响

对部分行业实行营业税改征增值税试点，拓宽了增值税的覆盖面。目

---

[1] 许善达.我所经历的财税改革的回忆片段 [M]// 中国经济50人看三十年：回顾与分析.北京：中国经济出版社，2008.

前，增值税覆盖国民经济60% 多的领域，[①]其余由营业税覆盖。这种增值税与营业税并存的税制格局，对服务业内部的专业分工造成重复征税问题，而且制造业纳税人外购劳务所负担的营业税和服务业纳税人外购货物所负担的增值税，均得不到抵扣，对各产业之间深化分工协作存在税制安排上的障碍。增值税从原理上来说，对经济的影响是中性的，但我国这种增值税和营业税并存的税制安排，从全世界范围来看，也是十分独特的，它存在对服务业重复课税的缺点，从其经济影响来说，在税制安排上抑制了服务业的发展。现在，对部分生产服务业由营业税改征增值税，有利于完善增值税税制，减轻税制对经济的扭曲作用。

（四）有利于降低企业税收负担，扶持小微企业发展

营业税改征增值税也是一项结构性减税的举措，特别是对小微企业来说。这次营业税改征增值税和现有增值税纳税人比较，对于非小规模纳税人标准有很大的差别。当前，对于货物和劳务销售，小规模纳税人的划分标准是，工业企业年销售额50万元以下，商业企业80万元以下。而应税服务年销售额超过500万元的，才应当向主管税务机关申请增值税一般纳税人资格认定。对于年销售额500万元以下的小微企业来说，其适用营业税税率从5% 改成了适用增值税征收率3%，且计税时，还要还原为不含税销售额，两者相加税负下降了40%。

---

① 肖捷. 继续推进增值税制度改革：完善有利于结构调整的税收制度 [N]. 经济日报，2012-03-30.

二、现行出口退（免）税政策与应税服务退（免）税政策的比较分析

（一）现行出口退（免）税政策要点

现行出口货物增值税的退（免）税办法主要有三种。一是"免、退"税，即对本环节增值部分免税，进项税额退税。目前，外（工）贸企业、部分特定退税企业实行此办法。二是"免、抵、退"税，即对本环节增值部分免税，进项税额准予抵扣的部分在内销货物的应纳税额中抵扣，抵扣不完的部分实行退税。目前，生产企业实行此办法。三是免税，即对出口货物直接免征增值税和消费税。对出口卷烟企业、小规模出口企业等实行此办法。

现行出口货物在申报退税时，需报送申报表、附表及以下原始资料：1.出口货物报关单；2.出口收汇核销单（2012年8月1日起不需再提供）；3.出口发票；4.委托出口货物的，提供受托方主管税务机关签发的代理出口证明，以及代理出口协议复印件；5.主管税务机关要求提供的其他资料。

在退税审核时，上述单证齐全，单证所记载的电子信息比对通过，即可以退税。

（二）应税服务适用零税率和免税政策要点

试点地区的单位和个人提供的国际运输服务、向境外单位提供的研发服务和设计服务适用增值税零税率。对试点地区增值税一般纳税人提供适用零税率的应税服务的，实行免抵退税办法，退税率为该服务适用的增值税税率；小规模纳税人实行免税。

国际运输服务免抵退申报时，需报送申报表、附表及以下原始资料：

1.零税率应税服务的载货、载客舱单（或其他能够反映收入原始构成的单据凭证）；2.提供零税率应税服务的发票；3.主管税务机关要求提供的其他凭证。

研发、设计服务免抵退申报时，需报送申报表、附表及以下原始凭证：1.与零税率应税服务收入相对应的"技术出口合同登记证"复印件；2.与境外单位签订的研发、设计合同；3.提供零税率应税服务的发票；4.向境外单位提供研发、设计服务收讫营业款明细清单；5.从与签订研发、设计合同的境外单位取得收入的收款凭证；6.主管税务机关要求提供的其他单证。

从原始资料来看，应税服务申报的资料来源单一，全部来自企业内部核算和商务资料，无海关报关资料，无外汇核销资料，也因无双向数据源，无法进行数据比对。

（三）当前出口退（免）税工作中遇到的问题

1994年税制改革以来骗税案件时有发生，税务部门在退税管理方面承担重大责任，同时面临着巨大风险，主要遇到以下问题：

第一，管理方式问题。当前，退税审核的要义是单证齐全，信息比对相符，即可退税。简而言之，当前的退税审核方式是"就单审单"。"就单审单"方式的形成以及由此带来的问题，受很多因素影响。一是人力资源问题。当前，出口企业的户数迅猛增长，经营方式日新月异，而税收管理员的业务能力、职业素养和人员数量都难以满足科学化、精细化管理的要求。2011年，深圳市出口总值2 455.3亿美元，[①]增长20.2%，办理出口退

---

① 深圳市统计局.深圳市2011年国民经济和社会发展统计公报[R/OL].（2012-04-27）.http://tjj.sz.gov.cn/gkmlpt/content/5/5540/mpost_5540363.html.

税额638.9亿元，同比增长38.9%，[①] 免抵退企业较集中区局的税收管理员人均管免抵退企业近90户。从退税规模和人均管户情况来看，难以满足精细化管理的要求。二是海关查验率低的问题。深圳市进出口总额已是连续19年居全国大中城市的首位，相对于出口规模而言，经过海关查验后再出具出口报关单的比例是极低的。三是增值税链条的问题。由于增值税链条和增值税专用发票未完全覆盖等，通过接受虚开发票等方式取得进项税额的空间，依然存在。以上因素综合起来，致使骗税风险无法消除。

第二，法律责任问题。出口退税管理，从工商登记开始，到税务登记、取得进出口经营权、报关出口、外汇核销、退税机关审核、退库，整个流程中，涉及工商、商务、海关、外管、国税、财政等多个政府部门；还涉及生产企业的供应商、生产企业、贸易企业、境外客户等多个企业单位和个人。根据《中华人民共和国税收征收管理法》规定，以假报出口或其他欺骗手段，骗取国家出口退税款的是骗税。所有退税企业，都是在取得报关单之后，才可以申请出口退税的。那么取得了海关出口报关单之后，出口的货物若是虚假的，法律责任谁来承担的问题就变得模糊。除企业当事人外，从政府部门职责分工来说，对其出具的出口报关单中列明的货物有无真正出口，海关应负责，但在现实中，当骗税案件发生时，退税机关往往首当其冲，成为法律追究的重点对象。

第三，政策效力问题。当前，关于出口退税的基本规定和管理办法，基本上都是规范性文件级次的，既不是法律，也不是行政法规，存在着法律级次低，而且变动频繁的问题。从《国家税务总局关于印发〈出口货物退（免）税管理办法〉的通知》（国税发〔1994〕31号），到《财政部 国家税务总局关于进一步推进出口货物实行免抵退税办法的通知》（财税〔2002〕7号），以及2012年最新的《财政部 国家税务总局关于出口货物劳务增值

---

① 深圳市国税局.2011年我局总体收入规模2121.45亿元，创历史新高[J].国税信息，2012（1）.

税和消费税政策的通知》（财税〔2012〕39号）和《国家税务总局关于发布〈出口货物劳务增值税和消费税管理办法〉的公告》（国家税务总局公告2012年第24号），都是关于出口货物适用零税率，并予以退税的基本规定。除此之外，还有大量的、随着征管需要和经济形势变化不断出台的更低级次的规范性文件，而这些规范性文件，还往往涉及对出口适用零税率进行限制，甚至是在单证逾期或不全的情况下，视同内销征税的规定。这显然违背了税收法定的原则，加剧了征纳双方的矛盾，增加了退税管理的工作压力。

（四）应税服务实行免抵退税后将遇到的问题

第一，加大税制复杂化程度。在部分行业、部分地区试点营业税改征增值税，存在着明显的先天不足。最大的问题是，没有站在新的历史起点上，重新统筹谋划厘清中央与地方事权和财权之间的关系，重新统筹优化增值税制度，而是采取了"鸵鸟"政策，"原归属试点地区的营业税收入，改征增值税后收入仍归属试点地区，税款分别入库"。也就是说，货物劳务的增值税中央和地方按75：25分成，而营业税改征的增值税则还全额归属地方。这样一来，在增值税税制上，有了两个制度安排，一个是货物劳务增值税，另一个是服务增值税。两个增值税的申报内容，要叠加到一个申报表中填报，两个免抵退的申报内容，也要叠加到一个免抵退申报表中填报，为此原申报表的填表说明和附表必将进行复杂的调整。纳税申报表是税制的数字化表现，申报表的复杂化，是税制复杂化的最直接体现。而税制复杂化，将对纳税遵从构成负面影响，因此，国税部门的税收征管和服务的工作难度和压力都将明显增加。

第二，加剧退税管理风险。如上所述，应税服务退税申报资料，全部来自企业内部核算和商务资料，如发票、合同、收款凭证等，而无其他第三方的资料，如海关报关资料、外汇核销资料、客户的资料等等。而且，也由于数据源的问题，一个数据源在境内，一个数据源在境外，无双向交叉稽核数据，只有单方面的数据，无法实施数据比对。可以说，对服务的退税管理，基本上只能靠纳税人自律了。在现行"就单审单"、信息比对的情况下，骗税案件尚且时有发生，如今管理之门大开，风险敞露，退税管理责任将一概由国税部门承受，不可不察。

三、防范应税服务退（免）税管理风险的对策建议

（一）加强顶层设计，重点完善增值税制

第一，加强顶层设计，关键是要理顺中央与地方事权和财权之间的关系。1994年新的财政税收体系的成功实践证明，中央和地方之间的财政关系，以及地方政府之间的财政关系，应有明确的目标。税收的首要职能是筹集财政收入。财政收入目标决定了税收的目标，包括税制设计、税种构成等等。1994年分税制改革的目标十分明确，即要提高"两个比重"：财政收入占国民收入的比重和中央财政收入占国家财政收入的比重。20年过去了，应该说，这个目标已超额实现了。2011年，财政收入占国民收入21.99%，比1993年提高了9.6个百分点；中央财政收入占财政收入的49.47%，比1993年提高了27.5个百分点。[①] 应该说，如今已具备重新根据事权规划财力分配关系的条件了。处理中央和地方财政分配关系时，应方向正确、抓大放小。税收收上来之后，政府间财政收入的分配，应在财政体系内加以解决，而不应由纳税人在申报表上划分。当前"营改增"试点的做法，恰恰违背了政府间财政关系的处理原则，将划分入库级次的责任交由纳税人完成。这样，在我国将出现三个并行的货物劳务税：增值税、

---

① 根据国家统计局《中国统计年鉴》相关年度数据计算。

营业税和营业税改征增值税。这种局面，应由加强顶层设计加以解决。

第二，化解骗税风险，关键在完善增值税税制。虚开发票、骗取出口退税的发生，有管理的原因，也有税制的原因，要化解这种风险，重点在完善增值税税制。根据增值税原理，增值税应具有广覆盖、普遍征收，简税率、方便计算的特点。当前，尤其是"营改增"后，增值税的覆盖面虽有所拓展，但增值税的复杂程度却大大增加。理想的增值税实行单一税率，容易计算，方便管理，而现在的增值税税率和征收率有17%、13%、11%、6%、3%。17%和3%的税率中还要划分货物劳务与服务。税制复杂，管理手段跟不上，社会环境不配合，这是增值税税收管理风险产生的主要原因。当前，完善增值税税制，从根本上来讲，要切实贯彻"简税制、宽税基、低税率、严征管"的税制改革方针。一是要简税制，对增值税做减法而非加法。要通过政府间财政关系的调整，来解决营业税改征增值税后的税收分配问题，而不应由纳税人在申报表中，划分税款的入库级次；二是要宽税基，扩大增值税的征收范围，将现行营业税税目，全部改征增值税，广覆盖，才能发挥增值税链条的制约作用；三是简并税率，根据经济发展形势和收入结构，适当调低税率。

（二）强化风险管理，建立更加科学的管理方式

实践证明，完全依赖"就单审单"、信息比对，并不能解决骗税问题，反而容易引发惰性和惯性思维。解决这个问题要建立更加科学的管理方式：

第一，更加重视风险管理。强化风险管理理念，建立风险防控长效机制，完善组织架构，建立工作制度，通过信息系统，设定预警指标，如，退税弹性指数、退税占免抵退税额比例、行业税负、出口产品风险度等指标，对高风险企业实行重点管理。

第二，更加重视实地核查。"就单审单"的最大缺点是，退税审核人

员不了解企业的实际生产经营情况。这种情况，要通过加强实地核查解决。实地核查应在风险管理的基础上进行。首先，要做好选户工作；其次，在检查方式上，应采取突击检查，而不应事先通知；最后，实地核查时，应了解生产人员数量、生产产品情况，重点考察有无生产能力，所生产的产品是否和报关出口产品一致，等等。

第三，更加重视函调管理。实践证明，函调管理，是防范出口骗税和减少退税管理风险的重要手段。税务部门要对在风险评估和实地核查中发现疑点的企业，对其进项发票发函调查，以核实其购进货物的真实性，以及所取得发票是否符合规定。对于收到函件后，仍有疑点的应继续发函，并提醒对方税务机关，就其所管纳税人从上一家所购进货物和取得发票的真实性进行发函。在没有收到来函确认无问题之前，应暂停疑点企业出口退税。

（三）创新管理手段，充分发挥国际税收征管协作的作用

防范退税管理风险，特别是法律风险，一方面，要从法律、司法和管理制度层面界定不同政府部门的职权和责任，特别是要明确虚假出口的监管责任为海关部门。另一方面，也是更重要的，税务部门要创新管理手段，更加重视发挥国际税收征管协作，尤其是国际情报交换的作用。税务部门应对有重大涉嫌骗取出口退税，而在日常征管和国内税收管理中无法取得足够证据的企业发起国际情报交换。通过国际税收征管协作，以达到强化管理、打击骗税的目的。在使用国际情报交换手段时，一是应要求纳税人准确提供境外客户的基本信息；二是要按规范要求编制国际税收情报协查函件；三是妥善利用交换回来的情报信息，对涉嫌骗税的予以打击。对应税服务实行免抵退税后，由于境内只有单向数据源，因而要强化对服务退税的管理，更加重视发挥国际情报交换的作用。

（四）完善激励机制，打造专业干部队伍

完善税制、强化管理、堵塞漏洞、防范骗税等工作能否收到实效，关键在人。要完善激励机制，包括正向和负向激励，打造专业的税务干部队伍。一是要完善干部的绩效考核评价机制，通过科学的绩效考核，改变当前干好干坏一个样的局面；二是要完善选人用人机制，提高征管质量和效率；三是要完善监督制约机制，要通过技术、制度加文化的方式实施有效制约；四是要加强教育和培训，切实提高税务干部的业务素质和综合技能。

（《税务研究》2013年第1期）

―――――――― 参考文献 ――――――――

[1] 肖捷.继续推进增值税制度改革：完善有利于结构调整的税收制度 [N].经济日报，2012-03-30.

[2] 许善达.我所经历的财税改革的回忆片段 [M]// 中国经济50人看三十年：回顾与分析.北京：中国经济出版社，2008.

[3] 龙岳辉.在中税协营业税改征增值税扩大试点有关工作座谈会上的讲话 [C].2012-04-23.

增值税转型改革对深圳市税收收入影响分析 ①

————————————————————— 摘要 —————————————————————

2009年1月1日开始施行的增值税转型改革将会产生积极而深远的影响。本文从新《增值税暂行条例》和《实施细则》的修订内容出发,以深圳市为例,分析了施行新《增值税暂行条例》及其《实施细则》对深圳市的主要影响,并提出了应对措施。

关键词: 增值税转型　深圳市　影响

2008年11月10日,温家宝总理签署国务院令,公布了修订后的《中华人民共和国增值税暂行条例》(以下简称新《增值税暂行条例》),12月15日,财政部、国家税务总局通过第50号令公布了修订后的《中华人民共和国增值税暂行条例实施细则》(以下简称《实施细则》),新《增值税暂行条例》和《实施细则》将于2009年1月1日起施行。新《增值税暂行条例》的公布实施,是自1994年税制改革以来,我国增值税制的一次重

————————————

① 笔者是本文的第二作者,第一作者是笔者当时的处领导陈伟仕。

大调整和转变，是国家积极主动应对国际、国内新经济形势而采取的重要税收调节措施，也是落实党的十七大提出的"实行有利于科学发展的财税制度"要求的重大举措。

一、新《增值税暂行条例》和《实施细则》的主要修订内容

（一）实现增值税由生产型向消费型的转换

新《增值税暂行条例》取消了现行《增值税暂行条例》中第十条"下列项目的进项税额不得从销项税额中抵扣：（一）购进固定资产；"的规定。修订后，增值税进项抵扣政策的主要内容是：自2009年1月1日起，在维持现行增值税税率不变的前提下，允许全国范围内（不分地区和行业）的所有增值税一般纳税人抵扣其新购进设备所含的进项税额，未抵扣完的进项税额结转下期继续抵扣，同时，与企业技术更新无关且容易混为个人消费的自用消费品（如小汽车、游艇等）所含的进项税额，不得予以抵扣。

新《增值税暂行条例》的实施，将顺利实现增值税由生产型向消费型的转换，消除生产型增值税产生的重复征税的不利影响，降低企业设备投资的税收负担，在维持现行税率不变的前提下，是一项重大的减税政策。

（二）合理下调并统一小规模纳税人征收率

为了平衡小规模纳税人与一般纳税人之间的税负水平，同时考虑现实经济活动中，小规模纳税人混业经营十分普遍，实际征管中难以明确划分工业和商业小规模纳税人，新《增值税暂行条例》对小规模纳税人不再区分工业和商业设置两档征收率，而将原来分别适用6%和4%的小规模纳

税人的征收率统一降低至3%。

（三）明显放宽一般纳税人资格认定标准

新《增值税暂行条例》的《实施细则》，明显放宽了一般纳税人资格认定的标准。对从事货物生产或者提供劳务的纳税人，和以从事货物生产或者提供劳务为主，并兼营货物批发或者零售的纳税人，年应税销售额的认定标准从100万元以上，调整到50万元以上；对从事货物批发或零售的纳税人，年应税销售额的认定标准从180万元以上，调整到80万元以上。个体工商户等同于单位对待，对超过标准的个体工商户，强制认定为一般纳税人。调整后，不但能为中小企业的正常生产经营提供便利，有利于小规模纳税人的业务拓展和企业发展，而且能使增值税链条更加完整，使增值税课税机制的运作更加规范，增值税的积极作用得到充分发挥。

（四）大幅延长纳税申报期限

根据税收征管实践，新《增值税暂行条例》在纳税期限方面也进行了调整。主要体现在对现行条例第二十三条的修改上。纳税期限的新规定是："纳税人以1个月或者1个季度为1个纳税期的，自期满之日起15日内申报纳税；以1日、3日、5日、10日或者15日为1个纳税期的，自期满之日起5日内预缴税款，于次月1日起15日内申报纳税并结清上月应纳税款。"简而言之，即将现行申报期限由10日调整为15日。纳税申报期限的大幅延长，既体现了税务管理以人为本的理念，又向纳税人让渡了税金所占款项的时间价值。

二、增值税转型对深圳市的影响分析

（一）对深圳市国内增值税减收的测算

1. 增值税转型减收税额测算。允许企业抵扣购进机器设备的进项税额，是增值税减收的主要因素。根据2008年税收调查数据，深圳市参加调查的1.2万户一般纳税人2007年缴纳的增值税，占所有一般纳税人缴纳税款的86.98%（以下简称"缴纳税款的比例"）。据深圳市统计局的数据，2007年这些一般纳税人新购进应税机器设备158.5亿元（含税），同时，2008年深圳市固定资产投资规模增长约6.4%，考虑到增值税转型因素，2009年深圳市固定资产投资规模的增长将有所加快，预计将达到10%。按缴纳税款的比例进行测算，由于国内购进固定资产进项抵扣税额的增加，深圳市2009年国内增值税的减收税额约为31亿元。

增值税转型改革，取消了进口设备免征增值税政策，海关代征进口增值税将有一定程度的增长。根据2008年税收调查的数据，参加调查的企业2007年免税进口的设备金额为38.6亿元，考虑2008年、2009年固定资产投资规模的增长因素，以参加调查企业缴纳税款的比例进行测算，2009年深圳市海关代征进口增值税额将增加8.8亿元。由于海关完税凭证是增值税进项抵扣凭证，所以2009年深圳市一般纳税人进口设备进项抵扣税额将增加8.8亿元，即国内增值税将减收8.8亿元。

预计2009年深圳市国内增值税收入将因增值税转型改革而减收约39.8亿元（以下简称"增值税转型改革减收税额"）。

2. 降低征收率减收税额测算。根据2008年税收调查的数据，2007年，深圳国税的非一般纳税人增值税总收入为32.19亿元，其中商业企业（含个体户，下同）20.74亿元，工业企业11.45亿元；2008年1—10月份，非一般纳税人增值税总收入28.33亿元，其中商业企业16.93亿元，工业企业11.4亿元。根据2008年全年的税收情况并考虑2009年税收预计增长率进行测算，小规模纳税人的征收率统一降到3%后，2009年深圳市非一般纳税人工业企业增值税收入将减少8.1亿元，而商业企业将减收5.0亿元，合计减收13.1亿元，约占2008年深圳国税非一般纳税人增值税收入的40%。

增值税转型改革和降低征收率两项减收税额测算合计，2009年，深圳国内增值税收入将减收约52.9亿元，约占2008年深圳国内增值税总收入的11%。

（二）对深圳市企业所得税增收的测算

虽然增值税是价外税，纳税人缴纳的增值税不直接进入损益表，但是，允许企业抵扣外购固定资产的进项税款，将相对降低固定资产的原值，从而减少当期的折旧，间接增加企业的利润。此外，增值税的减收，也将相应造成城市维护建设税和教育费附加的减收，减收的税费同样要计入企业损益，从而增加企业利润。取机器设备的平均折旧年限7.5年，增值税转型国内增值税的减收税额约为31亿元，则减少固定资产折旧所增加的企业年平均利润约为4.1亿元，以20%的所得税税率计算，这一因素将使深圳市2009年的企业所得税增加约0.82亿元。深圳市适用城市维护建设税税率为1%，教育费附加率为3%，同样按2009年深圳市国内增值税减收52.9亿元测算，2009年深圳市城市维护建设税和教育费附加将减收约2.12亿元，则企业利润相应增加2.12亿元，以20%的所得税税率计算，这一因素将使深圳市2009年的企业所得税增加0.43亿元。两项合计预计将使深圳市2009年企业所得税增加约1.25亿元。

（三）对深圳市地方财政收入的影响分析

实施新《增值税暂行条例》对深圳市地方财政收入的影响是通过增值税、城市维护建设税、教育费附加的减收和企业所得税的增收共同实现的。根据上述测算数据，2009年，深圳市国内增值税收入减收税额是52.9亿元，地方财政按25%分成，将减少收入13.23亿元。同时，因城市维护建设税和教育费附加减收，地方财政将减少收入2.12亿元。另外，2009年，深圳市企业所得税增收1.25亿元，中央和地方按四六分成，将使地方财政收入增收0.5亿元。增减相抵后，深圳市2009年地方财政收入，预计将因实施增值税转型改革，而减收14.85亿元。

（四）对深圳市主要产业的税收影响分析

从主要产业整体情况来看，根据2008年税收调查的数据测算，受增值税转型改革影响，装备、设备制造业2009年将减少增值税纳税23亿元，占增值税转型改革减少纳税额的57.7%，是增值税转型改革受益最大的产业部门。这有利于深圳市装备、设备制造业加大技术改造力度，进一步做强做大，实现产业结构升级，持续增强市场竞争力。同时，排在减税额第二位的是石油化工业和农产品加工业，这两个行业的减税额均为2.4亿元；排在第三位的是汽车制造业和电力行业，这两个行业的减税额为1.0亿元。

从主要产业重点税源企业来看，根据2008年税收调查的数据，深圳市增值税纳税500强企业2007年的税收收入占全部被调查企业的69.6%，其年购进应税机器设备和免税进口机器设备金额分别占被调查企业的59.1%和60.7%。因此，深圳市增值税转型改革减少纳税额的60%，即24亿元的受益者将是深圳市500强企业。其中，增值税纳税额排名第一位的华为技术有限公司，2007年购进的应税机器设备9.5亿元（含税），华为技术有限公司的两家子公司，华为技术软件有限公司和华为通信技术有限公司，购进的应税机器设备分别是1.0亿元（含税）和3.6亿元（含税），这三家公司2007年购进机器设备的总金额是14.1亿元（含税），所以华为技术有限公司将成为深圳市增值税转型改革减税的最主要受益者。

（五）对深圳市国税税收征管的影响分析

1. 一般纳税人急速增加将加大征管压力。根据统计，放宽一般纳税人资格认定标准后，年应税销售额超过小规模纳税人标准的企业和个体工商户约有1.89万户，占深圳市国税局现有一般纳税人户数的40%，超过了过去两年责令认定一般纳税人企业总数的两倍，征管压力将显著增加，深圳市国税人力资源相对不足的矛盾将更加突出。

2. 纳税申报期限延长有利于进一步优化纳税服务。纳税申报期从10日延长到15日，为缓解征收期办税大厅排队等候的压力，进一步优化纳税服务，提供了有利条件。深圳市国税局可以充分利用这一有利条件，努力为纳税人提供更加优良、细致和专业的服务，为构建和谐的征纳关系多做贡献。

三、深圳市国税局的应对措施

（一）详细调查，摸清家底，做好增值税转型影响测算工作

要开展全面的税收调查，了解纳税人2009年新增加的应税机器设备投资计划，对2009年的收入影响进行验证测算。开展数据分析，对降低一般纳税人资格认定标准后，达到标准企业户数以及由此带来的征管压力进行科学估算和分析，为新《增值税暂行条例》和《实施细则》的顺利施行做好充分准备。

（二）广泛发动、周密安排，做好外部宣传和内部培训工作

要向纳税人和全社会广泛宣传，使全社会都了解施行新《增值税暂行

条例》和《实施细则》的情况。同时，要通过多种方式，组织大规模的全员培训，并加强对学习效果的考核，确保深圳国税业务岗位的税务人员都能准确掌握新《增值税暂行条例》和《实施细则》的内容，正确理解和施行好增值税转型改革。

（《税务研究》2009 年第 3 期）

中国增值税征收率的测算、影响因素及对策

──────────── 摘要 ────────────

增值税征收率测算方法基于不同的标准分为两种：理论上的计算方法和基于现有统计数据的计算方法。对比 OECD 成员国平均征收率，我国67% 左右的增值税征收率其实并不高，仅接近 OECD 成员国的平均水平，和西方先进国家相比，还有较大差距。

关键词： 增值税征收率测算方法　税收环境因素　税收制度因素

一、增值税征收率测算方法

（一）理论上的征收率计算方法

税收努力 = 实际税收收入 ÷ 税收能力

增值税征收率 = 实际增值税收入 ÷ 增值税能力

增值税能力 = 法定增值税税基 × 适用税率

增值税能力＝国内工业增值税能力＋国内商业增值税能力＋进口环节增值税能力－出口环节增值税退税－减免税和"先征后返"等税收优惠

国内工业增值税能力＝一般纳税人工业增值税能力＋小规模纳税人工业增值税能力

小规模纳税人工业增值税能力＝（小规模纳税人工业产值－小规模纳税人工业产品库存增加额）×6%

一般纳税人工业增值税能力＝一般纳税人增值税税基÷（1+适用税率）×适用税率

国内商业增值税能力＝小规模纳税人商业增值税能力＋一般纳税人商业增值税能力

一般纳税人商业增值税能力＝（商业一般纳税人增加值－商业一般纳税人存货增加值）×17%

商业小规模纳税人增值税能力＝商业小规模纳税人批零贸易额 ×4%

进口环节增值税能力＝Σ（分税率进口货物总额 × 进口增值税税率）

出口退税额＝Σ（分税率出口货物总额 × 出口退增值税税率）

减免税和"先征后返"等税收优惠可根据税务部门的统计数计算。

（二）基于现有统计数据的增值税征收率测算方法

对增值税征收率进行测算的主要数据来源是《中国统计年鉴》和《中国税务年鉴》。在现行的统计资料中，并没有工业增值税能力、商业增值税能力、小规模纳税人增值税能力、一般纳税人增值税能力等现成数据，需要以口径接近的数据予以代替。

在现行统计口径中与工业增值税能力最接近的数据是"工业增加值"，与商业增值税能力最密切相关的数据是"批发和零售贸易餐饮业增加值"。

工业增加值＝总产出－中间投入＋增值税。其中，中间产出包含了物质消耗和中间劳务的消耗。但根据现行增值税制度，可以作为进项扣除的只有物质消耗部分。

1. 以工业增加值作为工业增值税能力需进行的调整

（1）测算小规模纳税人的总产出

将工业增加值划分为一般纳税人工业增加值和小规模纳税人工业增加值。限于统计口径，将各地区全部国有及规模以上非国有工业企业视为一般纳税人，将余下工业企业视为小规模纳税人。一般纳税人以工业增加值为税基，小规模纳税人以总产出为税基。

（2）调增一般纳税人的工业增加值

由于工业增加值＝总产出－中间投入＋增值税。其中，中间投入既包含物质消耗，也包括制造费用、管理费用和销售费用的增加值，所以应予以调整。根据一般行业利润率为10%的惯例，这里假设中间投入中物质消耗与服务消耗的比是9∶1，即中间投入中物质消耗部分（可抵扣部分）占90%，当中间投入中物质消耗所占比重越低，工业增值税能力越高。

（3）在一般纳税人增加值划分出适用13%税率的增加值

根据现行增值税制度，适用13%税率的主要行业有煤炭采选业、石油和天然气开采业、黑色金属采选业、有色金属采选业、非金属矿采选业、木材及竹材采运业、自来水生产和供应业。根据工业各行业主要经济指标占全国比重可以算出，以上这些行业的增加值占工业增加值的10.5%。[1]

（4）将含增值税的工业增加值还原为不含增值税的工业增值税

不含税工业增加值＝适用17%税率的增值税能力/（1+17%）＋适用13%税率的增值税能力/（1+13%）＋适用6%征收率的增值税能力/（1+6%）

（5）需要考虑增值税的减免税对实际收入的影响

增值税实际收入＝实际入库收入＋增值税减免税

---

[1]　国家统计局. 中国统计年鉴2004[M]. 北京：中国统计出版社，2004：71-73.

2. 以批发和零售贸易餐饮业增加值作为商业增值税能力需进行的调整

（1）用直接法推算限额以上批发零售贸易企业增加值

限额以上企业增加值＝劳动者报酬＋生产税净额＋固定资产折旧＋营业盈余

（2）用间接法推算限额以下批发零售贸易企业总产出

限额以下企业总产出＝（全部批发零售贸易业社会消费品零售额－限额以上社会消费品零售额）×毛利率

（3）根据经营规模划分一般纳税人和小规模纳税人

取限额以上批发零售企业为一般纳税人，非限额以上批发零售企业为小规模纳税人。

（4）一般纳税人以增加值为增值税税基，小规模纳税人以总产出为增值税税基

计算一般纳税人和小规模纳税人商业增值税征收率时，应该将扣除了小规模纳税人增加值后的商业增加值作为一般纳税人的增值税税基，将小规模纳税人的总产出作为其增值税税基。

（三）测算结果

根据2003、2004年版《中国统计年鉴》《中国税务年鉴》，假定工业增加值计算时中间投入的物质消耗和服务投入比为9∶1；2003年的增值税减免税取2003年全国减免税普查结果为917亿元，并假定减免税的幅度和税收增长的幅度一致，则2002年的增值税减免税为773亿元。由此可以测算2002、2003年的增值税征收率（见表3）。

表3 2002—2003年度增值税征收率测算结果

年份	工业增值税征收率	商业增值税征收率	增值税征收率
2002	75.64%	41.28%	67.22%
2003	75.88%	43.66%	67.81%

以上征收率是在工业中间投入中直接物质消耗（可抵扣部分）占90%的假设条件下计算出来的。如果直接物质消耗占工业中间投入的比重小于90%，则工业增值税税基将大于工业增加值，相应地，增值税征收率将降低；反之，工业增值税税基小于工业增加值，增值税征收率将提高。

陆炜、杨震（2001）曾介绍，OECD成员国平均征收率为70%。[1] 国家税务总局副局长许善达在2004年全国流转税工作会议上也曾指出，英国增值税征收率为85%。[2] 由此看来，67%左右的增值税征收率并不高，仅接近OECD成员国的平均水平，和西方先进国家相比，还有较大的差距。

二、影响增值税征收率的因素

（一）税收环境因素

1. 法治环境问题

税收立法方面。一是税收立法权划分存在问题。在我国，税收立法权划分问题尚无统一的法律做出系统的规定，相关法律法规规定的内容较笼统，操作性有待提高。二是税收立法权划分的内容不尽合理、规范。国务

---

[1] 陆炜，杨震.中国增值税转型可行性实证研究 [M].北京：中国税务出版社，2001：47.

[2] 国家税务总局办公厅.新形势下税收工作要论（上、下）[M].北京：中国税务出版社，2007：407.

院财税主管部门通过出台大量的"通知""批复"和"办法",对税收法律法规做出实质性修正的情况并不鲜见。三是税收立法权归属不够稳定,处于经常变动之中。此外,税收立法权的行使和监督也存在问题。比如个别立法程序不明确,缺乏专门机构和人员对立法进行监督等。

税收执法方面。一是存在着因立法不完善而无法可依的问题,主要表现在上、下位法或规范发生冲突,造成基层执法单位有时无所适从。二是地方政府干预税收执法行为时有发生,而且很难追究责任。许善达(2003)曾提到,"按照法律原则,'违法必究','法律面前人人平等',但是,到目前为止,还没有哪一个地方领导人因干预税收执法,或者造成税收流失而受到责任追究"[①]。三是税务机关不当执法行为仍然存在。如收过头税、越权减免税和行政不作为等。

税收司法方面。一是存在着过分强调严厉打击利用增值税专用发票实施的犯罪与对大多数直接针对税款实施的犯罪打击不力并存的矛盾。严厉打击虚开增值税专用发票犯罪,固然是应有之义;但对普通的犯罪行为打击不力,客观上起到了纵容偷逃税的结果。事实证明,对普通的偷逃税打击不力,是税收征管秩序混乱的原因之一。二是存在司法权不作为问题。目前在税收司法的过程中,税务稽查部门查处的案件数量远大于司法部门处理的案件数量,原因有二:存在着税务部门对达到刑罚标准的案件不移送的问题;存在着司法部门对税款难以追讨,仅需对犯罪分子绳之以法的偷逃税案件执行乏力的问题。

2. 金融环境问题

在西方税务界有一句俗话:"哪里有现金,哪里就有偷税。"1977年,美国经济学家古特曼在卡甘对地下经济研究的基础上,构造了现金比率法的基本模型:

---

① 许善达,等.中国税权研究[M].北京:中国税务出版社,2003:136.

$$Y_u = \frac{1}{\beta} Y_0 \frac{(K_u+1)(C-K_0 D)}{(K_0+1)(K_u D-C)}$$

其中: C 为实际现金存量, D 为实际的活期存款存量, Y_0 为公开经济规模, Y_u 为地下经济规模, K_0 为公开经济中现金对活期存款的比例, K_u 为地下经济中现金对活期存款的比例。β 为公开经济部门收入的周转速度和地下经济部门收入的周转速度之比。

这个模型, 反映了地下经济和现金的关系。地下经济是税收流失的原因之一。我国现金交易频繁, 不但在国内众所周知, 而且通过携带大包现金出国旅游的国人, 将"声名"远播于国际社会。在这种金融环境下, 税收流失严重。

3. 文化环境问题

杨斌 (2003) 曾论述中国文化对税收管理的影响。他认为, 中国文化的显著特征之一便是人情和面子。[①] 在这种人情和面子的文化中, 法律有时显得苍白无力。在我国几千年的封建时代, "德主刑辅"的德治与"为政在人"的人治一直是社会治理的基本方法, 法治观念比较淡薄, 法处于社会管理手段的辅助地位。我国法律字面上的规定与实际执行有一定差距, 部分人没有在严格、系统的法律约束下生活的习惯。在这种情况下, 税法的执行有时为人情关系所左右, 有的纳税人甚至在营业活动开始时就设法加强与税务执法人员和其他有关政府官员的关系, 一旦违法事实被揭露, 就动用人情关系网, 试图大事化小、小事化了。人们对违反税法遭处罚的预期成本很低, 经过心理博弈, 有的人选择了偷逃税, 而不是诚实守法。在这种文化氛围下, 行政部门之间的配合与协作也受到了影响, 再加上体制方面的痼疾, 部门配合不畅, 削弱了税收管理的

---

① 杨斌. 西方模式增值税的不可行性和中国式增值税的制度设计 [C]// 中国税务学会学术研究委员会. 进一步完善增值税制度研究. 北京: 中国税务出版社, 2003: 114-136.

社会合力。税收管理需要全社会的配合和支持，若单凭税务部门一己之力，管理绩效自然不佳。

（二）税收制度因素

1. 扣税范围问题

我国实行的是生产型增值税，即不允许抵扣固定资产所含的进项税额。生产型增值税不利于企业技术创新和再投资，尤其是高新技术企业购进的尖端设备不能进行增值税抵扣，负担很重，已影响了高新技术企业的发展，与我国大力发展高科技、促进科技成果产业化的政策导向相背。由于产品成本中包含了不能抵扣的增值税，削弱了国内产品的国际市场竞争力，不利于外向型经济的发展。在扣税时很难划分不同行业和企业固定资产的标准和核算范围，给税收征管带来一定的难度。不符合经济发展要求的税收制度，对税收管理质量的提高起到负面作用。

2. 征税范围问题

我国现行增值税的征税范围太窄，仅对工业和商业的生产、销售行为征税，对许多与工业、商业有密切联系的行业都未开征增值税。这存在许多问题：一是存在重复征税问题。在规范化的抵扣模式下，增值税整个流转环节的税负即名义税负（法定税率）。但现行增值税只在工业和商业征收，未在货物和服务流转的全环节征收，没有体现普遍调节作用，企业销售的商品或者提供的劳务价值增值整体中负担了营业税，增值税已税货物进入营业税应税劳务的征税环节时，已征增值税不得抵扣，存在重复征税问题，整体税负偏重。二是抵扣不规范。增值税自成体系，在抵扣项目上只能扣除增值税；现在却扣除了营业税（交通运输业），理论上难以解释。营业税的征收范围又不限于交通运输业，还有金融保险业、邮电通信业、服务业、文化体育业等等。企业在购买这些营业税应税劳务时却不能扣除，存在不一致性。另外，扣税凭证不规范。为保证增值税扣税机制的顺利实施，现行增值税制度使用了专门的扣税凭证——增值税专用发票。但在实际操作中，扣税凭证却不局限于增值税专用发票。对无法取得增值税专用发票的废旧物资收购企业，以及向农业、交通运输业等未征收增值税的行业购进货物和应税劳务，又可以凭收购发票、普通发票和运输发票抵扣进项税额。这种扣税凭证的不规范、不统一，加大了税收征管的难度。三是与营业税交叉。增值税按照货物征收，符合市场经济契约和有偿原则，营业税按照传统行业征收，带有计划经济特征。两者外延的定义不属于同一逻辑范畴，必然产生交叉征收，导致兼营、混合销售如何划分的难题，以及建筑材料、安装工程等重复征税的问题，也使得增值税规范化的抵扣链条中断。实践证明，凡是抵扣链条中断的环节，就是偷逃增值税隐患最严重的环节。目前，建材、家具生产、销售等行业已成为偷逃增值税最集中的部分行业。

3. 两类纳税人划分问题

我国现行增值税将纳税人划分为一般纳税人和小规模纳税人。这种划分标准，虽然有利于税务机关集中人力、物力加强对重点税源和增值税专用发票的管理，但由于确认一般纳税人的标准过高，强制划转小规模纳税人的规定过于生硬，造成小规模纳税人占增值税纳税人数量的比例畸高。据统计，我国小规模纳税人户数约占增值税纳税人总户数的80%—90%。[①] 对两类纳税人的划分，一是忽视了市场经济下中小型企业生存与发展的客观要求。因为中小型企业不能被确认为一般纳税人，不能领购、使用增值税专用发票和抵扣税款，挫伤了其生产经营的灵活性和稳定性，不能满足其扩大生产经营的内在要求，未能较好地发挥国家在税收政策上支持、鼓

---

① 葛惟熹.关于完善我国增值税的问题 [C]// 中国税务学会学术研究委员会.进一步完善增值税制度研究.北京：中国税务出版社，2003：26-29.

励中小企业创立和发展的政策导向作用。二是不利于引导企业规范财务核算管理。现行强制划转小规模纳税人的规定，是以年度销售额为标准，不管会计核算是否健全。这将引导企业走向极端，淡化财务管理，为以后的现代税收信息化建设和税制完善带来隐患。三是弱化增值税税制的自我约束机制，不能很好地实现税源监控。将大多数中小型企业排除在增值税规范的课征模式之外，既不利于中小型企业的发展，也不利于保持增值税环环相连的扣税链条，弱化了增值税税制的自我约束机制。

4. 优惠政策问题

根据增值税原理和特点，减免税的范围越小，增值税就越规范，其特点和作用就越能充分发挥。我国现行增值税中，减免税优惠政策大量存在，给增值税管理带来很大的困难。引起全社会轰动的"铁本事件"，问题就出在废旧物资收购发票的随意开具上。

（三）税收管理因素

1. 征管机构及业务流程问题

我国实行的是"征""管""查"分离的税收征管体制，并据此设置税务机构。这种征管体制，对推进税收专业化管理有好处。但这种专业化的管理，如果没有合理、清晰的业务流程衔接，将出现很多问题。从一个机关的内部部门来说，在当前体制下，既有按税种分工的管理部门，又有按综合业务流程分工的管理部门，职责的交叉和重叠无法避免。在这种情况下，政出多门的情况屡见不鲜。上面多条线，下面一根针，当多条线无法厘清，缠绕在一起时，基层这根针无所适从，严重影响管理效率。从税务机关之间的关系来说，管和查分离后，由于缺乏协调和配合，既出现了对部分企业实施多头检查的情况，又存在另外部分企业从未接受检查的管理真空的问题，税务检查的威慑力和偷骗税被发现的概率较低，纳税人铤而

131

走险采用各种偷骗税手段导致税源流失的问题严重。

2. 征管手段问题

1994年以来，为强化增值税管理，国家税务总局推行了以增值税专用发票交叉稽核为核心内容的金税工程。应该说，就增值税专用发票交叉稽核本身而言，金税工程取得了显著成效，达到了预期的效果。但是应该看到，应用信息化手段进行税收管理的面还很窄，深度也不够。主要表现在，一是信息化手段主要用于替代手工劳动，而不是用于强化税源管理。比如中国税收征管信息系统（CTAIS），主要是用于申报处理、文书审批等税务机关日常业务，而税源分析、监控功能相当不完备，存在着税源信息失真严重、信息占有量匮乏等问题。税务机关利用信息化手段对税源的分析管理只停留在以重点税源统计分析为主的初级管理水平，对税源的外部信息和申报信息进行分析，掌握税源增减变化情况的工作基本尚未起步。二是系统功能重复与缺位并存，信息无法共享问题严重。当前，国税系统的信息系统有十几个之多，但由于大多属于只具备单一功能的系统，无法实现互联互通，既出现重复建设造成了资源浪费，又无法整合导致许多税收管理功能不能实现。

3. 纳税服务问题

美国国内收入局曾经做过一个统计，自愿遵从每增加1%，相当于强制征收增加50%。可见，纳税服务对提高征收效率的重要性。当前，我国在纳税服务方面存在许多误区。一是错误理解纳税服务的内涵，将纳税服务简单等同于微笑服务，把行风建设、文明行业创建、热情服务等视为纳税服务的全部工作内容，或者片面地将纳税服务与依法治税理解为对立的关系，没有认识到服务与严格执法、监督管理是统一的关系，抑或是将纳税服务视为税务机关的形象工程，没有认识到提高服务水平对提高纳税遵从的重要意义。二是对纳税服务的外延认识不清，存在着税务机关管理服务职责与社会中介服务职责界限不清、税务机关服务职责与纳税人依法履行义务职责界限不清等纳税服务定位问题。

（四）税务人员因素

1. 职业素质问题

路线方针决定后，干部就是决定因素。税收管理中存在的问题，与税务人员整体素质不高有密切关系，其中当前最突出的就是职业素质问题。职业素质包括依法行政和敬业精神。在依法行政方面，不少涉税案件都有税务人员牵涉其中，说明了这个问题的严重性。在敬业精神方面，税务系统在政府部门行风评议中长期排名居后，反映了税务机关人员在敬业方面存在问题。

2. 业务素质问题

税收管理现代化对税务人员业务素质的要求越来越高。业务素质包括税收行政管理能力、税收业务能力和计算机技术能力。当前在号称"百万大军"的税务干部队伍中，整体业务素质还不高。据统计，截至2001年年底，包括在职函授教育、委托办学、合作办学、远程教育在内，全系统干部中具有大专以上学历的人员比率仅为65.89%。真正具备现代税收管理能力，精通税收业务和信息技术的高素质税务人才严重不足，影响了税收管理水平的进一步提高。

三、提高我国增值税征收率的对策

（一）坚持依法治税

1. 完善税收立法机制

一是要坚持"无代表就无税"的税收法定主义原则。在税法教科书中，将税收法律主义原则列为税法的基本原则。要营造良好的法治环境，就必须从税收立法开始，并将"无代表就无税"的税收法定主义原则付诸实践。

二是要进一步完善授权立法。税收立法授权应该十分慎重，确有需要，也必须对其范围、时限、事项等进行规范，并加以严格限制。除此之外，还应该加强对授权立法的事后监督和制约。全国人大及其常委会要充分利用现有立法监督手段，如利用备案、批准、撤销、裁决等制度，纠正授权立法中的违法行为，维护纳税人的权益。

三是要提高税收立法的水平。要通过对纳税人行为进行分析，从而有针对性地制定法律，以达到最大限度减少税收流失的目的。

2. 规范税收执法行为

一是要强化对税收执法的程序制约。比如对延期纳税审批权、税收优先权、税收保全权、税收强制执行权、税务检查权、税务处罚权等权利的执行，应该制定严格的限制程序，以避免滥权和行政失当行为的发生。

二是要加强对税收执法的行政监督。现代法治以法律对权力的限制和约束为基点。任何一项权力的行使，都必须受到监督。

3. 改进税收救济制度

一是要改进税务行政救济制度。可以考虑改革行政复议委员会的组成，吸收人大代表或具有专业背景的社会人员作为复议委员会成员，提高行政复议的公开度，使纳税人在更加公正、公平的环境下提请行政复议。

二是要改进税收司法救济制度。从税收的专业性及尊重纳税人财产权的角度出发，可以考虑设立税务法院和税务检察院，以减少对依法治税的干扰，使纳税人司法救济权真正得以落实。

（二）完善税收制度

1. 加快实施消费型增值税

扩大增值税抵扣范围已在东北试行两年多了，但将该政策推广至全国的时间表还没有定，存在着将扩大增值税抵扣范围转变成一项地区优惠政策的倾向。这违背了增值税的基本原理。增值税的中性作用是通过对各行各业普遍征收、规范管理体现出来的，所以不宜单独在部分地区或行业实行增值税转型；否则，将割裂了增值税的内在联系，既扭曲了市场资源配置，阻碍生产要素的合理流动，也形成偷避税漏洞，严重影响增值税制度的平稳运行。增值税转型应当尽早在全国范围内实施，不宜长期作为地区或行业优惠政策。

2. 扩大增值税的征税范围

根据增值税的原理，征税范围越宽，覆盖面越广，就越能确保增值税运行机制的畅通无阻，最大限度地发挥增值税的职能作用；就越能解决经济领域的重复征税问题，促进税负公平；就越有利于提高增值税的管理效率。考虑到实行消费型增值税对财政收入的影响，可以先将与货物交易密切相关的交通运输业、建筑安装业、邮电通信业以及其他劳务服务业等行业纳入增值税的征税范围。

3. 降低一般纳税人"门槛"

我国一般纳税人和小规模纳税人比例严重倒挂，不利于提高增值税的管理质量。由于超过80%的增值税纳税人是小规模纳税人，这些纳税人既不能开具增值税专用发票，也不能凭票抵扣，所以实际上对小规模纳税人征收的并不是规范意义上的增值税，而是营业税。小规模纳税人的销售额难以监控，是增值税流失严重的主要原因之一。一般纳税人与小规模纳税人的交易不需要开具增值税专用发票，这是实行金税工程二期后，虚开增值税专用发票案件仍较多的根本原因之一。所以应该降低一般纳税人的"门槛"，尽可能地将达到一定销售额标准的小规模纳税人认定为一般纳税人，充分发挥增值税抵扣链条环环相扣的内在制约作用。

4. 调整税收优惠政策

我国现行增值税减免税范围过宽，同时还有先征后退等优惠规定，既使增值税链条脱节，又加重了"下游"环节的税收负担。而且由于优惠项目过多，措施不当，使纳税人偷税成为可能。尤其是民政福利企业在企业组织形式上变化很大，应尽快取消对这类企业先征后退的优惠政策，恢复征税。因此，应对现行增值税优惠政策进行清理，对于优惠政策到期的企业恢复征税；对于继续减免已无必要的，应尽快取消减免税照顾，恢复征税，以后不再出台新的减免税规定。同时，协调各种优惠措施、财政支持与税收优惠的关系。对于各种需要政府给予支持和照顾的情况，能用财政支出照顾的不用税收优惠，能用所得税政策照顾的不用增值税，以保持增值税链条的完整，强化增值税管理。

（三）强化税收管理

1. 重组税源监控管理机构和业务

在基层税务部门实行税收专业化管理和业务流程再造改革过程中，不能忽视和割裂税源监控管理工作。建议在基层税务分局中重组调查评估机构，按经济区域或税源区域划分"税源监控管理责任区"，将调查执行和纳税评估有机结合起来，明确岗位责任到人、考核奖惩到人。同时要按照上述税源预测分析、税源管理和纳税能力估算的新思路，健全和完善税源监控管理的业务流程和标准，做到既不缺位，也不越位。

2. 实施信息系统整合

当前，最务实的做法是整合现有信息资源，以数据层的整合为重点，通过优化和改进，提升运行效率，提高应用水平，充分挖掘系统潜力，就可以在不增加太多投资的情况下，达到强化增值税管理的目的。在税收信息化建设过程中，和其他相关部门的互联互通十分重要。比如海关完税凭证的监管，需要与海关实现海关代征增值税信息的共享和交换。实现与金融机构的联网，对税款征收、税务稽查更具有十分重要的现实意义。

3. 优化纳税服务

张维迎（1996）通过比较不同模式下征纳双方的博弈，得出结论：在现代世界市场经济条件下，执法服务型模式更有利于社会信誉机制的建立，更有利于降低税收成本，提高纳税遵从。[①] 据统计，2003年国税系统税收保全（提供担保、冻结存款和扣押、查封）金额共计11.60亿元，强制执行（扣缴税款、追缴税款和加收滞纳金）金额3.23亿元；地税系统保全税款12.36亿元，强制执行税款5.1亿元；全国税务稽查机构查补税款340.7亿元。以上通过强制手段征收的税款总额是372.99亿元，仅占当年税收收入的1.82%。[②] 可见，我国的税收收入大多数是通过纳税人主动申报的。在"提高纳税遵从度一个百分点，就相当于通过强制手段征收税款百分之五十"的情况下，以提高纳税遵从度为主要目标，切实优化对纳税人的服务，比其他强制手段更合适。

---

① 张维迎.博弈论与信息经济学[M].上海：上海人民出版社，1996.

② 国家税务总局.中国税务年鉴（2004）[M].北京：中国税务出版社，2004：153-157.

（四）加强队伍建设

1. 营造人人力争上游的制度环境

一是全面推行竞争上岗，形成选贤任能的用人机制。当前在税务干部的选拔任用工作中，论资排辈、平衡照顾的做法是影响干部队伍士气、制约人才脱颖而出的原因之一。这种情况亟须改变，应通过竞争上岗等公开、平等的竞争机制，增强人事工作的规范性和透明度，开阔干部使用的视野，增强群众的参与感，加强监督，以提高选人用人的质量，使优秀干部脱颖而出。

二是积极推进干部交流工作，增强干部队伍的活力。通过岗位交流，开阔视野、拓宽知识面、增长才干，同时为干部公正、合法、廉洁、有效行使权力创造有利的外部环境。

三是完善干部考核机制，强化税务队伍管理。要引进较先进的干部绩效考核办法，重视对干部实绩的考核。在考核干部时，除传统上下级打分及同级互评外，还要引进"纳税人满意度""协调满意度"等外部或横向的评价。要通过好的考核制度，改变"干好干坏一个样"的思想，形成人人力争上游的局面。

四是应加快对优秀年轻干部的培养和选拔工作。破除论资排辈、求全责备的思想，不拘一格选拔人才，创造一种尊重人、关心人、爱护人、凝聚人的环境，建立一种启发人、教育人、培养人、鼓舞人、提高人的机制，提高每名税务干部的综合素质，为税收事业的发展提供强大的人力资源保障。

2. 加强人力资源的培养和开发

一是提高增量人员的"门槛"，即对新招税务公务员，应严把"进人关"，坚持"进人必考"的方法，使新的税务公务员均具备良好的专业技能。

二是加强对存量人员的培养和开发，以提高其素质。首先，要完善和深化教育培训与管理使用相结合的机制，将干部队伍的业务水平、工作能力和接受各种教育的情况，与其上岗、任职、晋升及相应的工资、福利待遇紧密联系，形成教育培训与使用相结合的激励和约束机制。其次，要完善分类培训方式。根据不同层次、不同岗位，有侧重地进行培训，增强教育培训的针对性和适用性。最后，要完善培训工作考评制度，采取评估、考试等多种考评方式相结合的方法，并注意完善其他配套措施，切实提高教育培训质量和效果，以达到提高干部队伍整体素质的目的。

（本文删减版发表于《涉外税务》2006年第7期）

第三篇

税收经济的分析评论

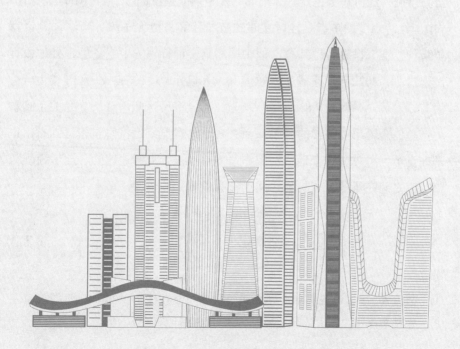

浅析地方政府"赛龙夺锦"
拼经济的内在机理

　　一年之计在于春，新年伊始，在度过了三年疫情对经济社会的严重冲击之后，全国各地都开始拼经济。江苏省政府1月16日发布的1号文是关于推动经济运行率先好转的若干措施；广东省在大年初七（1月28日），召开了数万人参加的全省高质量发展大会，擂起了奋进催征的金鼓，在此次会议上，省委书记黄坤明提出"聚焦高质量发展比学赶超、赛龙夺锦"，各市委书记发言时，均提出不低于6%的地区经济增长目标，各地方政府全力以赴拼经济态势已燃。张五常在《中国的经济制度》一书中曾经论述："中国经济制度的重点是地区之间的激烈竞争，史无先例。当然，地区竞争某种程度上世界各地都有，但中国的是一种特别的生意竞争，外地没有出现过。"[1]2022年广东省生产总值12.9万亿元，增长1.9%，江苏省生产总值12.3万亿元，增长2.8%。[2]广东与江苏经济增速此消彼长，是关系到省生产总值全国第一位置的竞争，而在各个位置上，经济总量接近的省市也都在竞争。可见，这个地区经济竞争不单是张五常所论述的"县际竞争"，市与市之间在竞争，省与省之间也在竞争。

---

① 张五常.中国的经济制度 [M].北京：中信出版集团，2017：17.

② 资料来源：广东省统计局网站、江苏省统计局网站。

一、地方政府大招商使生产要素重新组合促进生产效率提升

招商引资是地方政府拼经济的重要抓手。经济发展，做大蛋糕，通俗地说，就是"看好碗里的，紧盯碗外的"，在盘活辖区内的经济存量的同时，积极引进辖区外（包括境外）的经济增量是不二法门。我国是超大规模的单一市场，地区间人口、人才、土地、矿产等资源禀赋各不相同，基础设施以及发展阶段等有明显的梯度落差，这为各省市间差异性的竞争提供了可能，也为产业的梯度转移创造了条件。做好大招商工作，关键有二。

（一）坚持经济规律，让市场在资源配置中起决定性作用

何为经济规律，一言蔽之，首要一点就是尊重企业投资决定的自主性。2019—2020年，在中美贸易摩擦期间，因工作需要，笔者曾经走访华为、中兴通讯、大疆、德昌电机、中广核等企业，一方面，调研美国对我国输美产品加征25%关税，对企业生产经营的影响；同时，更关注被列入了美国实体清单企业的生存和发展问题。在调研中，可以看到，这些企业，均在全球多国、全国多地，有全资公司，比如，中兴通讯，集团有246家公司，在全球108个国家和地区有分支机构，在国内就有107家子公司；又如，德昌电机公司，作为注册地在深圳市宝安区的港资企业，是微型马达全球第一名的企业，在美国加征25%关税的情况下，其关税由美国德昌子公司支付，并向其下游客户（主要为车企）收回大部分，在加征关税的情况下，对生产经营影响不明显。尊重企业家独立做出投资决策（包括生产地的布局，并承担由此带来的风险和收益），就是尊重经济规律，这也是保证招商成功的基本前提。

（二）坚持政策引导，更好地发挥政府在招商引资中的作用

黄奇帆在《结构性改革：中国经济的问题与对策》一书第六章第四节中，生动地阐述了地方政府应该招什么样的商，如何招商，以及不招什么样的商，至今读来，依然非常有启发性。十种有效的招商方式：1.产业链式招商；2.补短板式招商；3.因势利导式招商，即顺应资源市场配置招商；4.给予对赌式支持，即在给予政策支持的时候，对方必须完成相应的高水平的产品投资和产量以及税收目标；5.收购兼并式招商；6.牌照资源补缺式招商，比如当年蚂蚁金服落地重庆，就是这种招商方式；7.PPP合作招商；8.产业基金引导招商；9.问题导向采取措施招商；10.争取国家的特定政策。而"三不招"与"五不搞"原则，更体现政府官员的清醒与负责，即：不符合产业政策的不招，过剩产能和强度不达标的不招，环保不过关的企业不招；不搞血拼优惠政策"自残式"招商，不搞众筹招商，不搞P2P招商，不搞"炒地皮"招商，不搞炒房招商。① 地方政府招商的"十方式""三不招""五不搞"的总结，充分说明了，地方在招商引资的过程中，具有很强的主动性和能动性，地方政府作用发挥得好不好，对于拼经济成效有直接影响。

从实践来看，深圳市从2022年开始，大力发展"20+8"战略性新兴产业集群和未来产业，是政府遵循经济规律，积极有为的具体体现。笔者观察深圳市经济社会发展，在不同的时期，呈现出不同的特点，从1980年开始至今大约经历了以下阶段：一是深圳加工阶段；二是深圳制造阶段；三是深圳高科技阶段；四是深圳ICT产业集聚阶段。40年来，深圳从"三来一补"工业起家，如今发展成了中国重要的"硅谷"，站在了中美科技战的第一线。2018年美国对中兴通讯的致命制裁，2019年之后，

---

① 黄奇帆.结构性改革：中国经济的问题与对策[M].北京：中信出版集团，2020：334.

美国对华为5G芯片的步步封锁，也给我国敲响了警钟。补链长链强链的产业集群式发展和招商，既是生存和发展的需要，本身也是经济增长。在2月14日覃伟中市长所做的深圳市政府工作报告中，特别指出"推动中芯国际12英寸生产线达产满产。加快建设华润微电子12英寸线、华星光电高世代面板配套、九龙山工业园、迈瑞医疗等项目"，充分体现了产业链式招商和补短板式招商的特点。

二、地方政府拼经济形成相互竞争可降低全社会的交易费用

笔者梳理深圳40年的经济发展历程时，得出一个结论：在开放的经济体中，产业会向具有综合比较优势的地区流动，比如深圳在20世纪80年代，承接香港的"三来一补"工业，就是在综合比较优势下，产业自然流动的结果。这里所说的综合比较优势，即要素比较优势＋制度比较优势：要素比较优势，比如土地价格、工资水平低等；制度比较优势，包括税收制度、政府效能等，即体现为一个地区的整体营商环境。各地方政府拼经济形成的相互竞争，可以提升整体的营商环境，形成综合比较优势，使我国的国家竞争力更强。

（一）地方政府拼经济，有助于改善政府的服务方式

"营商环境也是生产力"，2021年，国务院部署在北京、上海、重庆、杭州、广州、深圳6个城市开展营商环境创新试点[①]。这6个城市包含了"北

---

① 资料来源：《国务院关于开展营商环境创新试点工作的意见》（国发〔2021〕24号）。

上深广"4个一线城市以及重庆、杭州等重要的城市，这些城市的市场化、法治化、国际化水平比较高。比如深圳市，在今年的政府工作报告中，覃伟中提出：对标最高最好最优，实施营商环境提升行动。推出营商环境6.0版改革措施。实施深化"放管服"改革行动计划。要把一流营商环境打造成为深圳最闪亮的金字招牌，让国企敢干、民企敢闯、外企敢投。深圳市的各个经济管理部门，都将培育服务市场主体作为本部门年度的中心工作。各地方政府拼经济，必将带动政府服务方式的改善，可以降低制度成本、提高办事效率、拓宽准入范围、加强知识产权保护，推进准入前国民待遇和负面清单管理制度，这都是有助于经济发展的积极因素。

（二）地方政府拼经济，有助于降低企业的运营成本

拼经济、拼招商某种意义上就是拼何处能够提供更低的营商成本，这就如物理学定律，在连通的两个容器中，水会往低处流，直到水平相同。在企业运营成本中，较大的包括税费成本、融资成本、物流成本、要素成本、劳动力成本等等。从税费负担上来看，根据财政部的数据，2022年，全国新增减税降费和退税缓税缓费超过4万亿元，政府还对国有资产和物业的租金收入主动予以一定的减免，这些都是有助"两稳一保"的措施；又如，从要素成本上看，地价就是地方政府能够决定的重要的要素成本，张五常分析县域经济竞争，就是以地价是由县级人民政府决定的作为出发点进行的。数年前，华为将智能终端等部分产能从深圳市龙岗区转移到临深的东莞松山湖，其原因恐怕和深圳的高地价高房价有关系。2021年10月，华为以底价2.98亿元，拿下龙华区一宗"巨无霸"产业用地，土地面积51万平方米，建筑面积76万平方米，每平方米建筑面积的地价不足400元[①]，在寸土寸金的深圳，这可谓是地方政府主动降低要素成本，支持

---

① 资料来源：深圳公共资源交易中心官网。

产业发展的明确信号。

三、地方政府保财力改善人民生活的政治责任形成内在激励

关于最重要的要素成本——地价的问题，张五常曾做过分析，县级政府不仅可以免费提供改变了用途的土地，也可能免费为投资者建造厂房。原因在于引进了工业投资，未来可以获得增值税收入分成，只要未来所获得的税收收入超过了土地的改变用途的成本利息，就是划算的。也就是说，如果把县级政府看成有土地使用决定权的商家，负地价可能是划得来的生意，关键是引进来的投资能够带来经济增长，以及经济增长后所带来的财政税收。可见，从落脚点来说，地方政府拼经济、求发展，归根到底是要把资源转化为财力，改善人民生活，这既是各级党委和政府的政治责任，也是县域经济竞争的内在激励机制。

（一）深圳财政收入支出主要投向民生和教育科技发展

2020年10月，习近平总书记在深圳经济特区建立40周年庆祝大会的讲话中，充分肯定了深圳的发展成就，指出这是中国人民创造的世界发展史上的一个奇迹。同时，也要求党委政府"要从人民群众普遍关注、反映强烈、反复出现的问题出发，拿出更多改革创新举措，把就业、教育、医疗、社保、住房、养老、食品安全、生态环境、社会治安等问题一个一个解决好，努力让人民群众的获得感成色更足、幸福感更可持续、安全感更有保障"。办这些事情，其实都是要花钱。根据深圳市财政局公布的数据，2022年深圳辖区一般公共预算收入11 074.8亿元，和2021年同比下降0.3%（2022年深圳市有近1 600亿元的大规模减税降费，对财政收入带来了减

收），其中中央级收入7 062.5亿元、地方级收入4 012.3亿元，深圳以约万分之二的国土面积，贡献了全国百分之五的财政收入。在地方级收入中，全市教育、卫生等九类民生支出3 419.6亿元，占财政支出比重达68.4%，其中，全市教育支出951.1亿元，全市卫生健康支出675.5亿元，全市住房保障支出236.9亿元，全市社会保障支出287.5亿元。在科技创新方面，全市安排科学技术支出412.7亿元，支出比重超过了8.3%，远超全国3.8%的水平。[①] 可见财政收入的投放方向，正是对总书记提出的"问题一个一个解决好"的答卷。

（二）税收分成事关财权事权匹配及调动两个积极性，宜保持较稳定的预期

支出的刚性，决定了财力保障也是刚性的。笔者曾经有在区级财政局班子挂职的工作经历，体会到无论对哪一级财政部门负责人来说，要调减哪一个部门的预算支出都是困难的。深圳市2023年的政府工作报告提出经济社会发展的主要预期目标：地区生产总值增长6%，地方一般公共预算收入增长6%……在地区经济竞争激烈的情况下，任何一个地方政府，对于调整财权事权分配比例或分税都是很敏感的。在税收理论界，对于"税源与税收分离"的研究，一直保持着较高的热度，在数字经济发展迅猛的今天，对于某些互联网头部企业税收根据收入来源进行分税的研究与建议，在《税务研究》期刊上，近两年有多篇文章。笔者认为，如果我们认同地方政府之间的区域竞争，是中国经济发展的重要密码的话，发挥中央和地方两个积极性，保持地方政府对经济和财政税收合理的增长预期非常重要。而且从我国征管实际以及财政体制来说，税收是不可以网状式进行转移的，税收的分配，支出的转移，只能由各地方政府的共同上级政府

---

① 资料来源：深圳市财政局网站。

做出决定，对于跨省的收入分配，则需经过中央财政进行转移支付。习近平总书记在《当前经济工作的几个重大问题》一文中指出，需要从战略全局出发，抓主要矛盾，从改善社会心理预期，提振发展信心入手，抓住重大关键环节，纲举目张做好工作。从以上表述可以知道，总书记特别重视预期管理，经济学中有理性预期经济学，发展的预期不单对于市场主体重要，对于作为经济发展重要参与者的地方政府来说，同样非常重要。所以对于某些重要头部企业的税收分成调整的问题，也应该给地方政府较稳定的预期。

（《21世纪经济报道》2023年2月27日04版）

罗默：科技和人力资本在经济增长中的核心地位

保罗·罗默探究的是经济学的永恒主题——经济增长，他论证了科技和人力资本在经济增长中的核心地位。他在论文《内生的技术变化》中，构造了完整的增长模型，得到的经济含义和政策结论是：大力投资于教育和研究开发有利于经济增长，而直接支持投资的政策无效。他认为，能否提供和使用更多的创意或知识产品，将直接关系到一国或地区经济能否保持长期增长。

保罗·罗默是美国经济学家、新增长理论的主要建立者之一，现任纽约大学经济学教授，斯坦福大学经济学教授，胡佛研究所高级研究员。2016年，罗默担任世界银行首席经济学家。2018年，他和诺德豪斯一起获得了诺贝尔经济学奖。

一、扬名于年轻之时

罗默出生于1955年，他的父亲曾经担任过科罗拉多州州长，还担任过民主党党魁，可谓是名人之后。罗默在芝加哥大学本科所学的专业是数学和物理，由于想转到法学院，在大学四年级学习了他的第一门经济学课程。授课教师萨姆·佩尔兹曼对经济学的精彩讲授深深吸引了他。在佩尔兹曼的影响和鼓励下，罗默放弃了学习法律的念头，转而走上了经济学的求索之路，1977年获芝加哥大学理学学士，1983年获芝加哥大学经济学博士。

芝加哥大学经济学院是诺贝尔经济学奖的"重镇"。截至2018年，诺贝尔经济学奖公布的76位获奖者中，有12人供职于芝加哥大学，占比16%。若把曾就读于芝加哥大学的获奖者全算上就有28人，足足占了诺贝尔经济学奖总人数的1/3，妥妥的诺贝尔经济学奖超级大户。罗默获得诺贝尔经济学奖的理论就产生于他在芝加哥大学学习期间。

罗默获得诺贝尔经济学奖，主要在于他研究的"内生增长理论"（Endogenous Growth Theories），这个理论来自他1983年的博士论文《动态竞争分析中的外部性和收益递增》，该论文探讨并纠正了新古典经济增长模型的局限性，构造了经济中人们有意识地进行研究开发以促进技术进步的一个数理模型，强调以创意或知识产品为基础来理解经济增长和发展的机制。

此前，20世纪50年代中期至60年代末期是经济增长理论的黄金时期，出现了以罗伯特·索洛等人为代表的一批新古典经济增长理论的经济学家。但是，或许是由于新古典增长理论难以摆脱经济均衡增长的条件是被外生的人口自然增长率所决定的这个令人"不愉快的结果"，70年代初期以来，有关增长理论的文章突然从西方各主要学术期刊上基本消失了。直到80年代中期，在罗默（1986）和卢卡斯（1988）等人的论文发表以后，情况才有所改观。随后，经济增长理论研究进入一个新的发展阶段。

1983年，罗默论文完成时才28岁，可谓扬名天下于年轻之时。

二、重新定义经济增长

在博士论文的基础上，罗默于1986年发表了著名的论文《收益递增和长期增长》，文章提出了他的第一个内生增长模型，该模型假定完全竞争并采用全经济范围的收益递增和技术外部性来解释经济增长，它成为第一阶段内生增长理论的代表性模型之一。罗默在1987年的论文《基于专业化引起收益递增的增长》中构造了一个专业化和收益递增框架下解释经济增长的模型，该模型把收益递增看作专业化程度提高的结果，专业化引起的收益递增导致了经济的持续增长。随后，罗默在1990年的论文《内生的技术变化》中，构造了一个更加完整的增长模型，该模型的经济可分为三个部门，即研究部门、中间品部门和最终品部门，产量是技术、人力资本、物质资本和劳动等四要素的函数，这个模型实际上是罗伯特·索洛产出三要素（资本、劳动力、技术）分析框架的进一步完善和改进。该模型的经济含义和政策结论是：增长率随着研究的人力资本的增加而增加，与劳动力规模以及生产中间产品的工艺无关。大力投资于教育和研究开发有利于经济增长，而直接支持投资的政策无效。经济规模不是经济增长的主要因素，而人力资本的规模才是至关重要的。一个国家必须尽力扩大人力资本存量才能实现更快的经济增长。经济落后国家人力资本低，研究投入的人力资本少，增长缓慢，经济将长期处于"低收入的陷阱"。由于知识的溢出效应和专利的垄断性，政府的干预是必要的。政府可通过向研究者、中间产品的购买者、最终产品的生产者提供补贴的政策以提高经济增长率和社会福利水平。

罗默的理论贡献在于：一是他修正了新古典增长理论假定生产是规模收益不变的结论，提出了生产是收益递增的。罗默认为技术和知识是私人提供的经济物品，但技术又不同于一般的经济物品，技术具有正的外部性，新知识生产者无法获得新知识带来的全部收益，生产新知识的私人收益率小于社会收益率。二是他继承了阿罗的研究（1962年，阿罗将技术进步看成经济系统决定性的内生变量），提出了内生的技术进步是经济增长的唯一源泉的观点，为新经济增长理论的发展开辟了道路。

1992年，罗默在世界银行发展经济学年会上进一步把上述思想运用到发展中国家和地区的发展战略的研究中。他认为，能否提供和使用更多的创意或知识产品，将直接关系到一国或地区经济能否保持长期增长。例如，毛里求斯在20世纪70年代和80年代实施了开放政策，吸引了香港的企业家把新思想和知识产品运用到那里，从而带动了该国经济发展，摆脱了赤贫状况。

三、对中国经济发展和财税政策的启示

用"罗默增长"去理解研发投入。用最通俗的语言理解，罗默的新增长理论就是用数学模型论证了"科学技术是第一生产力"这个结论。在我国改革开放的发展过程中，从以要素投入的增长为主，转变为以技术和管理进步为主，其实也是在验证罗默新增长理论的正确性，这个过程，也可以认为是从"索洛增长"到"罗默增长"的过程。笔者曾经分析过2004—2018年中国的研发投入数据和国内生产总值（GDP）增长数据，回归之后，$R^2=0.996$, $P<0.001$，从图形上来看，两条曲线是高度拟合的。而且从数据上来看，中国GDP于2010年超过日本，中国的研发投入也于2013年超过日本。到了2018年，中国的研发投入强度，已经超过了欧盟15国的平均水平。这些数据表明，中国的经济发展，正是"罗默增长"的一个生动例子。

用"规模收益递增"去理解财税补贴。规模收益递增或规模报酬递增是现代技术的最显著特征。特别是对于互联网来说，一旦建立起来，增加用户的边际成本趋于零。由于规模报酬递增效应，加上摩尔定律的作用，富裕的国家会比贫穷的国家发展得更好，而贫富距离将越拉越大，因为贫穷国家的科学技术和教育是远远落后于富裕国家的。具体到产业来说，也是一样。比如集成电路产业，领先者永远领先，强者恒强的局面极难改变。所以这个时候对于追赶的产业和企业进行财政补贴成为必然选择，无论是日本、韩国、东南亚以及中国台湾都走过相同或相似的发展道路。

用"私人研发的正外部性"去理解支持高新技术税收优惠政策。罗默认为，技术是经济增长的内生动力，但是技术研发的私人收益小于社会收益，所以对私人技术研发进行财税政策支持是应有之义。从中国的实践看，从2000年开始，国家颁布鼓励软件产业和集成电路产业发展的政策体系，其中包括对增值税的即征即退，对软件产业和集成电路企业的所得税低税率（税率15%，国家重点软件企业税率10%）以及"两免三减半""五免五减半"等。对这些高新技术企业的税收支持，就是对私人技术研发正外部效应的一个弥补。罗默赞同政府干预，他认为，完全竞争条件下的均衡结果所表现的研究水平太低，而消费水平太高，政府通过宏观调控，引导消费品生产部门中一部分生产要素流向研究部门，可使经济实现帕累托改进。对支持技术进步予以税收优惠政策，实质就是向知识之外的其他生产要素课税，这些观点，很好地解释了我国支持高新技术企业发展的税收优惠政策的选择。

（《中国税务报》2020年6月10日 B4版）

鼓励研发创新人才：个税有作为

充分落实各项减税降费政策，持续为市场主体减负，提高企业盈利能力，有利于激发企业研发投入积极性，提高企业竞争力。但企业的研发工作除了需要资金，还需要高技能人才，包括培养和使用好国内的人才以及引进和利用好更多的国际级顶尖人才。与减税降费政策相配合，制定或调整相应政策，吸引并留住顶尖人才，可以最大化实现促发展的目标。

近日，我们对深圳的一些高科技企业进行了走访。深圳市创鑫激光股份有限公司反映，该公司积极引入国内外顶尖技术和管理人才，帮助企业攻克技术难题和提升管理水平。由于高级人才研发能力强、对企业发展至关重要，相应薪酬也比较高，而目前个人所得税最高税率45%，加上深圳的生活水平较高，扣除生活费用和税费，出现了高薪却低收入的问题，对高级人才的引进极为不利。2018年公司代缴薪酬个税和用于股权激励而缴纳的个税总额达到1160万元。深圳市杰普特光电股份有限公司，是一家由留学归国博士共同创办的国家高新技术企业，主营业务为研发、生产和销售激光器以及基于激光光源、精密数控等核心平台技术的主要用于集成电路和半导体光电相关器件精密加工及检测的智能装备。该公司表示，其引进的海外归国人才和外籍人才也希望能够对个税进行减免，或者以先征后奖的形式给予补贴。通过个人所得税法的修订，近年来绝大多数的工薪阶层的个税税负都有大幅度下降。2018年，为促进科技成果转化，国家采取了落实好科技人员股权奖励递延纳税优惠政策，以及对因职务科技成果转化获得的现金奖励给予税收优惠等措施。

　　笔者认为，为了更好地促进研发创新，对个税应进一步改革。目前顶级的国际技术专家收入水平基本属于需要按 45% 的最高边际税率征收个人所得税的。另外，理论和实践都证明，劳动报酬是不可能赶上资本报酬的。目前有大量财产收入（资本所得）的个人，如有股权评估增值的个人，其财产转让所得适用20% 税率。相对于工资薪金所得最高适用45% 税率，二者税率差，在效率和公平上都是需要改进的。因此，笔者建议，为吸引国际尖端人才，降低个税最高边际税率应该尽快提上议事日程。

（《中国税务报》2019 年 5 月 29 日 B2 版）

减税降费是促进经济
高质量发展的关键一招

3月15日，李克强总理在记者会上说，今年更大规模的减税降费实际上是一项重大改革和重要抉择。把占增值税总量近60%的制造业等行业的增值税税率降低3个百分点；把建筑业等部分行业税率降1个百分点，其他所有行业也确保只减不增；对基本养老保险单位缴费率，可降到16%。给制造业等基础行业、给带动就业面最大的中小企业明显减税，实际上是"放水养鱼"、培育财源。通过推进减税降费、简政，培育新动能、放宽市场准入，营造公平竞争环境等一系列措施，为市场松绑，为企业让位，为百姓解忧。把创造力释放出来，一定能够保持经济运行在合理区间，而且推动高质量发展。

这番论述，实际上回答了一系列的经济学理论和实践问题。

经济高质量发展的实质是，全要素劳动生产率的提升，产业结构优化，产出增加且均衡可持续。

一、税收和财政补贴与提高全要素劳动生产率相关

法国经济学家菲利普·阿吉翁及其他经济学家，选取了中国1998—2007年的大中型工业企业数据，数据库中的合格样本值高达107万个，对于四种政策工具——财政补贴、税收减免、低息贷款、关税保护与全要素

劳动生产率的相关性进行了分析，结果是：补贴指数和全要素劳动生产率的相关系数是0.0275，税收指数和全要素劳动生产率的相关系数是0.108（正相关），而利率指数及最终关税和全要素劳动生产率的相关性是 -0.0106 和 -0.118（负相关）。

实证研究表明，四种政策工具中，财政补贴和税收减免政策对于提升全要素劳动生产率有帮助，而关税保护对提升劳动生产率无帮助。又由于，我国获得贷款以及优惠贷款利率的企业主要集中在大中型国有企业，数量更多的小微企业从比例上获得贷款和优惠贷款的机会较低，在这种现实下，菲利普·阿吉翁等经济学家根据数据测算出，原有的贷款政策无助于提升全要素劳动生产率。当前，我国要求加大对中小民营企业的贷款支持力度，正是对这个问题进行纠偏和改进。

减税降费、简政，培育新动能、放宽市场准入，这一系列政策，都是促进竞争的政策。降低负担，促进竞争，一定可以激发活力，保持经济运行在合理区间，促进高质量发展。

二、减税比补贴更加能促进全要素劳动生产率提升

竞争可以促进效率。经过菲利普·阿吉翁等人的验证（通过勒纳指数衡量），税收和竞争是互补的，也就是说税收减免反而有利于产业内部的竞争，避免垄断替代效应，使企业致力于创新，从而提升生产率。

减免税收可以降低政府干预性扭曲。税收减免指数与全要素劳动生产率的相关系数是0.108，而财政补贴的相关系数是0.0275，显然，税收减免比财政补贴与全要素劳动生产率的相关性更加显著。但是相关性，还不是因果关系。

理论上的最优税制，对于经济是中性的；但现实中的税收，显然不是中性的。比如增值税就是累退性质的，越是低收入，负税的比例越大。而

且增值税对于高新科技企业，高人力、智力投入的企业税负则是累进的，因为人力成本不可抵扣，这和产业政策所期望的方向相反。所以在这种情况下，对鼓励的产业、行业减免税（如芯片产业），实际在降低政府征税的干预性扭曲，恢复经济效率。

经济手段更加有效率。税收和补贴相比，税收属于经济手段，只有有收入和所得的企业才需要缴税，税收减免后，这部分收入留在企业，企业可以做出自主决策，包括投资扩大再生产、分配给员工激发员工工作积极性，或者留存为周转资金等，这是完全属于企业内部的决策行为。而财政补贴，往往有众多的审批条件，实体和程序性要求很高，而且还有支出方向的规定或要求，并不是完全由企业自主决定资金用途的。所以说，从税收理论上以及实践上都可以论证，税收的经济手段，更具有经济效率。

普惠性质更加公平。税收和补贴相比，还有一个优势，在具有经济效率的同时，也更加公平。比如说国家级高新技术企业适用15%的税率，这是整个群体都平等适用的，再如软件产品增值税实际税负超过3%的部分实行即征即退政策，也是一样，只要符合嵌入式软件条件的都可以适用。显然，财政补贴很难做到这样，也就是会出现"政府有形之手"去挑选"优胜者"甚至"失败者"的情况。这正是有些经济学家反对产业政策的重要原因，因为在这种情况下，公平较难得到保证。

降低了虚开发票的诱因。去年增值税税率下降1个百分点，今年对制造业等行业的增值税税率下降3个百分点，这使得非法虚开发票获利的空间得到了很大幅度的压缩。加上税务系统征管技术持续提升，大数据的运用，降低增值税税率后，将有望降低虚开发票和骗取出口退税的风险，营造一个促进竞争、更加公平的营商环境，有利于实体经济的健康发展。

（《中国税务报》2019年3月27日 B4版）

个税六项专项附加扣除背后的
良法善治精神简析

2019年1月1日个税的六项专项附加扣除政策开始实施。这六项专项附加扣除，看似只是扩充了工资薪金所得费用扣除标准，然而这个改革的背后，体现的是良法善治的愿望和期待。江平教授曾指出，法律是理念、是制度、是方法，也是一种文化，这四者不可或缺。比如，民法文化以对人的终极关怀为价值取向。所以真正从实质上去理解、掌握一个法律，就要追根溯源地去了解法律制定背后的理念和价值观。

2018年8月31日《中华人民共和国个人所得税法》(后文简称"个税法")的修订和2019年1月1日起个税六项专项附加扣除政策的实施，意味着税收治理迈进了新时代，标志着我国自然人税收治理和税收社会共治时代的开启。从这个意义出发，下面对个税六项专项附加扣除背后的法律精神和价值取向，做简要分析：

一、体现了以人民为中心的"民本思想"

住房、医疗、教育负担，是当代城乡居民新的"三座大山"。这次的个税法修订和新增加的六项专项附加扣除，听民声，汇民智，解民忧。从立法程序上，广听民意，法律修订案交付全国人大表决前，通过各个渠道广泛收集意见，让草案起草者、法案表决者，能听到各方的诉求和声音，做到听民声、汇民智。从个税法和六项专项附加扣除的实施效果来看，对于普通的工薪阶层减税幅度是非常大的。以1万元月薪为例，扣除三险一金，在2018年10月1日前，大约要缴纳个税320元，2019年1月1日以后，加上专项附加扣除，缴纳税额为零。以月薪2万元为例，2018年10月1日前，月缴纳个税约2 000元，2019年1月1日后，月缴纳个税约360元，减税幅度达82%。良法者，让人民普遍有获得感之法；善治者，民众能参与国家治理，民众的声音和诉求能得到尊重的治理。这次的个税法的修订，就是体现了这种民本的思想，在程序上，在结果上，都体现了这种良法善治的精神。

二、体现了税收社会共治思想

这次个税法和六项专项附加扣除的实施，是税收管理走向社会共同治理的具里程碑性的一步。最直接的体现是，六项专项附加扣除信息以纳税人自行填报为主，辅以各相关部门信息交换以完成数据核对，完全改变了之前由税务机关掌握信息为主甚至是作为唯一信息来源的税收管理现状。税收共治由社会多方组成，包括税务机关、纳税人、各政府相关部门等，比如管理户籍信息的公安部门、教育学籍信息的教育部门、出生登记信息的卫生部门、银行贷款信息的金融部门、房屋租赁信息的社会其他相对人等等。这是一个真正的大数据系统，是税务部门和社会各方信息互换融通、分析利用的起点和基础。以首套住房贷款利息扣除为例，政策执行时，将是否"首套住房"的认定，直接按照贷款是否享受银行首套房贷利率为准，贷款享受银行首套房贷利率就属于"首套住房贷款利息支出"；不享受就不属于首套住房贷款利息支出。这就是典型的税收社会共治。我国的住房类型有很多，银行借贷的规定也有很多，主管税务机关工作人员，从数据能力和业务能力上，都是难以对"首套住房"做出判断的，既然如此，就将这个认定权利（责任）让渡给金融机构，让其做出判定。税收社会共治，是税收现代化的必然要求和基本特征。这次的六项专项附加扣除所依靠的社会共治，正是我国税收现代化进程取得重大进展的一个重要标志。

三、体现了培育公民意识，建设信用社会的思想

"税"字入选了2018年年度汉字，这是一个税感强烈的时代，税感意识的觉醒实质是社会进步、公民意识觉醒的一个标志。笔者从事税收工作二十余载，从未像这次一样几乎接触到每一个人都会主动向我了解税收、咨询税收。而税务部门开展的个税培训是规模浩大的、深入的，也是空前的。1月3日，笔者就和同事一道，走进深圳市公安局宝安分局，通过宝安分局的视频指挥系统，向全宝安区的1 000多名公安干警、辅警讲解六项专项附加扣除等政策和填报操作。在讲台下面，有6台高清大屏幕电视机，实时滚动切换深圳市公安局宝安分局24个派出所、巡警站、看守所等干警学习收看的画面，场面十分震撼、壮观。我们对辖区纳税人每天的培训都建立一个微信群，为直接了解纳税人的诉求，笔者加入近10个微信群，人数近2 000人，每天都可以了解到纳税人众多关切的问题。为落实好个税新政，国家税务总局确立了"代扣代缴，自主申报，汇算清缴，多退少补，优化服务，事后抽查"全新的自然人税收征管模式，和20多个部门共享信息，建立共建、共享、共治新格局。更加强调纳税人自主申报和信用管理，通过大数据和云计算建立了自然人信用管理系统，为我国信用体系建设贡献税收力量。公民意识，信用建设，是全民守法的必然要求，也是新时代"善治"的重要支柱。

四、体现了现代法治和传统伦理文化相融合的思想

税法是公法，调整的是国家和公民、法人以及其他组织之间的经济利益关系。但是具体到个人所得税法，尤其是对于六项专项附加扣除来说，这是合理的必要的民生生计扣除，但何为民生生计呢？这就要参照私法，如《中华人民共和国婚姻法》《中华人民共和国继承法》等部门法的规定。在我国的传统文化里有老吾老以及人之老，幼吾幼以及人之幼的思想。法律的背后是公序良俗，是共同价值观。所以我们看到香港的个税扣除中，有赡养老人扣除额，而在美国的个税扣除中没有看到这项。这次的六项专项附加扣除中，有赡养父母的附加扣除，但随之有一个问题被提了出来，难道赡养公公婆婆、岳父岳母的支出，不应该扣除吗？笔者认为，这可以是一个问题，也可以不是一个问题。是一个问题，是因为我们的传统价值观中，有赡养老人的要求，包括配偶的父母。但是之所以说又不是一个问题，是因为个税法作为一个法律规范，又必须以《中华人民共和国宪法》为法律渊源同时参照其他相关的部门法的规定。在宪法中规定，成年子女有赡养扶助父母的义务。婚姻法中也有这样的规定。可见，从法律上来说，赡养父母是成年子女的法定义务，但不是成年子女配偶的法定义务，义务和权利对等，所以在继承法中，遗产继承的第一、第二顺序都不包含子女的配偶。所以作为一个法律条款，这个规定实际上体现的是现代法治精神和传统伦理文化相融合的思想。

五、体现了再分配更加注重社会公平的思想

这次个税法修订主要有三大改变：一是分类计税，改成综合和分类相结合计税；二是按月计缴税款，改成按月预缴，年度汇算清缴税款；三是统一减除费用扣除标准，改成增加六项专项附加扣除。简而言之，现在的

个税法，比修订前更复杂了，也可以说是更精细了。税制的复杂，可能会增加办税负担，降低办税效率。当前税务系统以及社会各部门采取的一系列措施，正是因应在税制变得复杂的情况下，通过综合施策来降低纳税人的办税负担，既要减"税负"，更要减"事负"。税收是社会财富的再分配，初次分配和再分配都要处理好效率和公平的关系，再分配更加注重社会公平。六项专项附加扣除，实际上体现的是税收的纵向公平原则，即不同的收入（支出）水平，适用不同的费用扣除标准。随着我国人均 GDP 逐步向中高收入国家迈进，在初次分配要兼顾公平和效率的同时，在税收这个再分配环节，更需要考虑的是社会公平和合理的因素。以税收公平，促进社会公平，这也是这次个税法修订以及六项专项附加扣除背后的价值取向。

（2019 年 1 月）

芯片企业的税收需求

经过与企业代表的交流沟通和反复思考，本文对继续优化税收优惠政策，扶持芯片产业发展提出如下建议：扩大企业所得税低税率和定期减免政策覆盖范围；加大研发费用加计扣除力度；推进进口环节增值税减免，加快留抵退还和出口退税；降低个人所得税最高边际税率。

今年4月16日的美国制裁中兴事件，引发了全民对中国芯片产业的关注。总体而言，中国芯片产业发展的几个重要环节，从材料、设计器具工具、芯片设计、晶圆制造、指令集（架构）到生态构建，均已经取得较大进步，全产业链都有自己的民族企业，比如芯片设计的华为、大唐微电子、比特大陆和中兴通讯等，晶圆制造的中芯国际，指令集和生态构建的龙芯中科等企业正在努力奋斗，但整体上和美国、欧洲、日本和韩国等先进国家和地区产业相比差距还很大，尤其芯片和操作系统相结合的产业生态还很薄弱，需要持续追赶。

一直以来，国家非常重视芯片产业的发展，从《国务院关于印发鼓励软件产业和集成电路产业发展若干政策的通知》（国发〔2000〕18号），到《国务院关于印发进一步鼓励软件产业和集成电路产业发展若干政策的通知》（国发〔2011〕4号），税收助力芯片产业发展的整个政策框架已经搭就。财政部、国家税务总局、海关总署、工业和信息化部及国家发展改革委等陆续在这两个文件框架下出台了不少具体的政策文件，概括而言包括三类。一是所得税类：1. 定期减免，"两免三减半""五免五减半"；2. 低税率，15%、10%；3. 职工培训经费全额扣除；4. 加速折旧或摊销。二是增值税类：1.即征即退；2.期末留抵退还；3.少数集成电路企业采购进口设备免征进口环节增值税。三是今年新政：1.加速折旧；2.委托境外研发费用准予加计扣除；3.小型微利企业年应纳税所得额上限由50万元提高至100万元；4.高新技术企业和科技型中小企业亏损结转年限由5年延长至10年。

这些政策，尤其是低税率、定期减免以及增值税即征即退政策，对于企业降低税收负担、增加现金流入，起到了积极作用。比如增值税即征即退政策，以销售毛利率20%计算，在人工和材料成本各占50%的情况下，超3%税负的即征即退金额是其销售利润的49%，占净利润比例更大。从中兴通讯2017年年报的公开资料看，即征即退金额占其净利润50%以上，其他高新技术企业、软件企业这个比例同样不低。

为进一步优化营商环境、助力芯片产业发展，近期，笔者通过参与地方政府领导调研、大企业走访和问卷调查等多种方式，收集了辖区内多家企业的税收需求。产业发展需要，就是税收的助力方向。经过调研，笔者认为，税收助力芯片产业发展，可以在以下几个方面进一步着力：

扩大企业所得税低税率和定期减免政策覆盖范围。现在《财政部 税务总局 国家发展改革委 工业和信息化部关于集成电路生产企业有关企业所得税政策问题的通知》（财税〔2018〕27号）、《财政部 国家税务总局关于进一步鼓励软件产业和集成电路产业发展企业所得税政策的通知》（财税〔2012〕27号），规定的定期减免政策主要适用于集成电路生产企业，也就是晶圆制造厂。其实晶圆制造是芯片产业的最后一个环节，其上游的高晶硅材料、芯片设计企业、芯片设计工具及光刻和蚀刻设备企业等，在整个产业链中缺一不可，同属高投入、高风险，所以也应该纳入定期减免和低税率政策覆盖范围。从实际了解到的情况看，有不少企业并不清楚或未满足财税〔2012〕27号文件的集成电路生产或设计企业和软件企业认定标准。所以建议放宽相关认定标准、简化认定程序，让更多芯片产业可以享受优惠。

加大研发费用加计扣除力度。2017年为进一步激励中小企业加大研发投入，支持科技创新，财政部和国家税务总局对职工总数不超过500人、年销售收入不超过2亿元、资产总额不超过2亿元的科技型中小企业提高研发费用税前加计扣除比例，由50%提升至75%。实际上，科技型中小企业因受其生产规模限制，对高精尖人才的吸引力弱，研发能力和研发成果受到局限，产业整体研发能力的提高主要依靠技术密集型的少数大型企业。因此，从鼓励科技创新、打造"国之重器"的角度而言，建议对资金密集型、技术密集型的集成电路和软件产业适时提高研发费用加计扣除比例，从50%提升至100%甚至更高。据芯片自主研发、设计及计算设备制造企业比特大陆反映，其设计芯片、制作样品时，需要用到一种材料叫晶圆掩膜，一次性投入高达千万元，精度稍有差池，整个芯片就不能用。但由于目前的政策并不明确，该企业在进行财务处理时，只能将晶圆掩膜计入生产成本，无法作为研发费用申请加计扣除。

推进进口环节增值税减免，加快留抵退还和出口退税。晶圆制造厂投资巨大，一条生产线可能需投资数百亿元，主要用于进口设备和材料。据报道，近期中芯国际从荷兰阿斯麦（ASML）订购了一台14纳米制程的光刻机，花费1.2亿美元。2011年，国家对29个集成电路重大项目因购进设备形成的增值税期末留抵税额准予退还。2018年，提出对装备制造等先进制造业、研发等现代服务业和电网企业的期末留抵税额准予退还，要求各省在2018年8月31日前确定名单，并在9月30日前完成此项工作。由此可见，期末留抵退政策目前仅是局限于部分企业、特定时段内的优惠政策，并未形成长效性、常态化和实时性的减税效应。有的新兴集成电路企业因购置大量生产设备，造成巨额的留抵税额。对此，建议每年更新集成电路重大项目企业享受期末留抵退还的名单，对投入大的集成电路企业及时退还账面留抵税额，增加企业的流动资金。

另外，据比特大陆子公司世纪云芯反映，从取得海关缴款书到抵扣进项税额再到出口退税的过程至少要3个月时间，资金的占用成本非常大。

事实上，这也是业内大部分企业都面临的问题。如果实现留抵税额退还常态化及出口退税加速，将对整个产业释放巨大的"税收红利"。

降低个人所得税最高边际税率。近期，关于个人所得税改革的讨论十分热烈。2011年个人所得税法修订，将适用最高边际税率45%的月应纳税所得额从10万元下调到8万元。本次向社会公开征求意见的《中华人民共和国个人所得税法修正案（草案）》中，并未对此做出调整。笔者认为，高达45%的最高边际税率不利于引进、留住高端科研人才。芯片激光源生产研发企业创鑫激光年销售额10亿元，研发投入高达1.5亿元。在调查中，该企业反映，其核心技术主管的年薪100万元以上，而且很难请到。高达45%的个人所得税率，实际由企业负担，感觉负担很重。所以降低个人所得税的最高边际税率，调高适用最高边际税率的月或年应纳税所得额，是税收助力实施国家创新驱动发展战略的重要一环，应该加以考虑。

（《中国税务报》2018年8月8日 B3版）

区块链技术难以适用
增值税专用发票管理

笔者认为期待通过区块链技术，来加强增值税发票管理，以达至防范骗税和防止虚开的目标，可能不现实。

区块链技术，从本质上来说，它是分布式的系统数据库，是一种网络底层协议。有四个基本特征：一是去中心化。这是区块链技术的基本特征之一。区块链使用分布式储存与算力，整个网络节点的权利和义务相同，系统中数据本质为全网节点共同维护，从而使区块链不再依靠中央处理节点，实现数据的分布式存储、记录与更新。二是开放性。这是区块链的另一个基本特征。区块链上所有的记录信息及其细节都是公开的。任何人通过网络都可以在区块链平台上进行信息查询及信息写入。这种查询和写入是不要公开身份的，任何人都可以参与其中。三是自治性。区块链采用基于协商一致的规范和协议（比如一套公开透明的算法）使得整个系统中的所有节点能够在去信任的环境自由安全地交换数据，使得对"人"信任改成对机器的信任，任何人为的干预不起作用。四是不可篡改性。一旦信息经过验证并添加至区块链，就会永久地存储起来，单个节点上对数据库的修改是无效的，因此区块链的数据稳定且可靠性极高。

发票管理天然需要中心化的信赖机制。国家税收依靠国家权力征收，是一个天然的中心化体制，只有中心化，才有权威，才能保证个人及企业的纳税遵从。发票管理也是一样的，发票管理有天然的中心化的内在需要。发票由税务机关提供，发票开具信息需要报送到税务机关进行数据采集和申报比对。这就是有一个天然的信赖机制存在，这种信赖体制是靠政权组织，靠法律来确定起来的，而不是靠技术协议来实现自治的。而区块链技术的最基本特征就是去中心化，这和发票管理中心化要求是背离的。

发票数据有天然私密性的要求。开放性是区块链的另一个基本特征，在区块链上记录信息在每个节点都是可见的，这显然也是跟发票信息需要保密的天然属性相背离的。

海量发票数据处理需要高性能的网络和系统速度。任何分布式数据库都天然地比中心化数据库慢，区块链技术需要将数据写入所有的节点，节点越多，确认计算越大，速度越慢，全国的增值税纳税人数以千万计，将发票数据写入千万个节点，在技术性能上是无法满足实际的应用需要的。这是由区块链的数据结构的内在机理带来的天然性缺点所决定的。因为数据是分散在成千上万各地的计算机上，它必须把数据更新到大部分的计算机上才能算有效。用公司51%控股权来比喻，如果参与计算的计算机有1 000万台，那么至少要把数据更新到510万台上才能有效，这个过程很慢。在亿万级海量的发票交易数据情况下，这种系统的性能效率无法满足要求。

区块链是一项创新技术，在未来必将对社会、经济等多个领域产生重大影响。然而，任何一项技术都有其适用和不适用的领域，期待区块链技术解决发票管理中存在的问题，目前看是做不到的。

（《中国税务报》2018年5月23日 B2版）

税收助力"创世纪" "中国智造"再发力

十九大报告指出，建设现代化经济体系，必须把发展经济的着力点放在实体经济上，加快发展先进制造业，推动互联网、大数据、人工智能和实体经济的深度融合。在制造业重新成为全球经济竞争制高点，中国经济由高速增长转向高质量发展阶段，以推进智能制造为主攻方向的"中国制造 2025"，是顺应历史发展趋势的战略方案。智能制造，关键在智能，要求打破原有人力为主的传统生产模式，通过建立智能机器和人力共同组成的人机一体化的智能系统，实现人与智能机器的合作共事，扩大、延伸和部分地取代人类专家在制造过程中的脑力劳动。

一、智能制造的应用成果

我国制造业水平参差不齐，相当一部分企业尚处在"工业 2.0"阶段，智能制造更是处于初级发展阶段，呈现出区域、行业发展不平衡的现象。深圳作为创新之城，在自主创新方面承担着试验和示范的重要使命，而宝安沙井作为深圳的制造业重镇，孕育着两万多户制造企业，智能制造更是走在行业前列。深圳市信维通信股份有限公司是沙井本土上市企业，主要产品是天线及连接器，为劳动密集型企业。面对客户更高的品质、时限要求以及招工难的现实困境，该公司引进高效、稳定的智能生产线、注塑生产线、包装生产线，产能提升了4倍，人工减少了80%，销售额比去年同期翻了一番。深圳崇达多层线路板有限公司是深圳市线路板行业的代表性企业，近几年通过实施高端智能装备整体解决方案，实现直接人工成本下降31.78%、人均产值提升56.41%。

二、从"创世纪"看中国智能制造的发展

（一）"创世纪"领跑深圳智能制造装备行业

从"崇达"和"信维"的高速发展，可以看到，中国制造业产能巨大，存在着强烈的智能化改造需求，机器人、数控机床、传感器、3D打印等智能制造装备，蕴含着百亿，甚至千亿的市场容量。时任沙井街道党工委书记赵俊平说："先进制造业，中国看深圳，深圳看宝安，宝安主要看沙井、福永等几个区域。"位于深圳市宝安区沙井街道的深圳创世纪机械有限公司（以下简称"创世纪"）就是一家生产智能制造装备——数控机床，并提供高端智能装备整体解决方案的企业。该公司于2005年12月22日成立，至今自主研发硕果累累，已申报专利40多项。主打产品是钻攻中心机，该机器主要用于加工精密金属小部件，如用于加工苹果、三星手机金属结合件、不锈钢边框。2013—2016年期间累计实现销售31 000台。主要客户包括比亚迪、劲胜、长盈、欧菲光、蓝思等上市企业，主打产品国内市场占有率名列前茅；全球市场占有率排名位居第一梯队。

作为领跑智能制造装备行业的创世纪，近年来，发展势头强劲，盈利能力强。2016年实现营业收入15.51亿元，净利率高达27.34%；由于新产品不断研发成功、进一步占领市场等因素，2017年1—9月，营业收入达18.58亿元，超过去年全年收入，净利率进一步提升至28.52%。与此同时，创世纪从2017年3月开始，依靠"数控玻璃雕刻机"打开国际市场，力图

打破"核心零部件依靠进口，高端智能制造装备对外依存度高"的现状，截至目前累计出口销售额为1 282万元，该产品已经进入国内外主流智能手机部件供应链体系，如苹果、三星、华为等，具有非常可观的持续盈利能力。

（二）税收优惠助推智能制造发展

产业的升级转型离不开三方面的推动因素，即技术、政策支持以及相关金融服务，智能制造也不例外。顶层设计和政策扶持对企业的发展起到重要的推动作用。税收方面，创世纪享受高新技术企业15%的优惠税率、研发费用加计扣除以及软件产品即征即退等三项税收优惠，2016年软件产品即征即退退税3 016万元，2017年1—9月为8 636万元。所得税方面，2016年减免了所得税4 562万元（含15%优惠税率和研发费用加计扣除），2017年1—9月减免了5 299万元。2016年至今，创世纪共享受了2.15亿元的税收优惠，这为企业带来了实实在在的好处，为企业把握时代脉搏、持续高速发展提供了强有力的支持。

（三）我国智能制造的发展趋势

2017年9月5日，国家税务总局收入规划核算司巡视员王道树率领国家税务总局调研组前往沙井创世纪调研制造业转型发展情况。创世纪的高速发展是中国智能制造的一个缩影，彰显着中国制造业发展的巨大潜力。以小见大，见微知著，这是十分振奋精神和鼓舞人心的情景。目前，我国的"中国制造2025"正在和发达国家的"工业4.0战略""英国工业2050战略""先进制造业国家战略计划"等全面竞争，由于市场优势、服务优势、人才优势，进而技术赶超（模仿、引进、消化、齐头并进），预示中国智能制造在参与国际竞争中，从外围战到正面战的胜利。

三、存在的问题

发展智能制造是中国制造业转型升级，由"制造大国"向"制造强国"转变的必经之路。深圳宝安沙井的"创世纪"已率先领跑沙井制造，用漂亮的数据预示了智能制造业的发展前景。但是，作为一个正在培育和成长的新兴产业，我国智能制造业仍存在一些问题，主要表现在：

一是创新能力不足，重要基础技术和关键零部件对外依存度高，核心竞争优势还不突出。目前，构成智能制造装备整机和成套设备配套的关键零部件、元器件主要依靠进口。创世纪钻攻机的核心零部件数控系统也是从国外引进的。二是民营企业资源不足，一定程度上抑制了企业规模扩张。与国有企业相比，民营企业资源匮乏，包括工业用地、政府项目补贴资金等等。创世纪目前最大的困难就是用地困难。三是税收优惠政策存在局限性，产业引导性、支持性有待进一步提高。税收优惠方式包括税率式、税额式与税基式。前两种优惠主要表现为对企业最终经营结果的减免税，对引导企业推动产品科技创新的作用较弱。税基式优惠可以充分调动企业从事研究开发的积极性，同时体现国家支持产业发展的政策意图。目前智能制造税收优惠政策基本上局限于税率的降低和税额的减免，对智能制造产业自主创新的引导、支持不足，有待进一步提高。四是税收优惠的覆盖面和纳税服务质量有待进一步扩大和提高。由于部分企业对智能制造相关税收优惠的理解不到位以及财务规范性不足等因素，存在部分企业未能充分享受优惠。同时，纳税服务针对性不强，专门针对智能制造企业的宣传、培训较少。

四、对策建议

未来，智能制造将重塑现有工业体系。在当前阶段，结合发展过程中存在的问题和瓶颈，主要应当从以下几方面改进。一是加大行业基础研发投入，提高自主创新能力。创新是引领发展的第一动力，是建设现代化经济体系的战略支撑。华为技术有限公司、中国高铁公司，正是通过不断提高研发比重，从市场优势转化为核心竞争优势；创世纪在2016年研发投入达1.05亿元，环比增长了94%，提升了企业在未来高速增长、持续盈利的能力。二是优化行业资源配置，将现有资源适当向优质民营企业倾斜。深圳宝安区六届党代会提出的"建设产业名城"和时任沙井街道党工委书记赵俊平提出的"工业立街"战略，是深圳宝安区切实支持先进智能制造业发展的有力举措。同时，宝安区全国首创"划定不少于70平方公里的工业控制线"，未来将缓解当地成长型民营企业的工业用地紧张问题。三是加强对智能制造产业税收优惠的导向性和力度。加大税基式优惠的力度，如扩大智能制造研发费用认定范围和扣除比例；对智能制造企业的研发投资，可以按投资额的一定比例抵扣应纳税所得额，鼓励企业加大研发投入。四是进一步扩大税收优惠覆盖面和提升纳税服务针对性。通过事前宣传、事中提醒和事后复核的方式，确保企业税收优惠应享尽享。以纳税人的需求为导向，提供针对性的纳税服务和纳税辅导。如，制作税收优惠宣传册、开展专题培训；对行业存在的涉税风险主动提醒，增强企业的税收遵从度。

（《中国税务报》2017年10月30日 B2版）

正确认识用电量指标
反映的经济问题

今年4月16日，在发布一季度经济数据的记者招待会上，外国记者询问为何会出现用电量数据下降而工业增加值增长的数据背离现象，并据此质疑我国统计数据存在虚报。当时，国家统计局发言人并未对用电量和工业增加值数据背离的原因作正面回答，只是强调用电量数据是正确的，工业增加值数据也是正确的。国内经济学界对这两个数字的背离也有许多猜测，这种不必要的疑问甚至会影响到对经济形势的判断，所以有必要对这种经济现象进行深入分析，并予以说明。

一、正确分析用电量和工业增加值数据背离的原因

经过严密的数学推导，并结合经济实际运行情况，可以确定，一季度用电量和工业增加值数据背离主要是工业中间投入大幅下降所致。

工业增加值是工业总产值与工业中间投入之差。在产品结构与生产效率未发生重大变化的情况下，用电量的增减直接反映工业总产量的增减。这是因为用电量和工业总产量都是工厂开工时间的函数。但是，工业总产量和工业总产值之间还有一个价格因素。而且，即使当工业总产量与工业总产值都下降，但只要工业中间投入也同时下降，并且下降的值大于工业总产值的下降值时，工业增加值将表现为增长。

工业中间投入主要包括原料、燃料、动力、劳动者报酬和固定资产折旧。过去一年中，劳动者报酬和固定资产折旧的数据是较稳定的，但是，原料、燃料、动力价格却发生了激烈的震荡。比如说，原油就从最高的147美元一桶急剧下降到33美元一桶，下降幅度达78%，其他的大宗商品也发生了类似这样崩盘式的下跌。世界银行统计，1月份国际能源价格同比下降45.5%，2月份下降51.6%，3月份下降51.8%，相应的农产品价格、原材料价格、金属和矿产品价格都出现了20%至40%的降幅。

根据工业各部门的投入产出表，我们可以计算出原料、燃料、动力等直接材料的消耗占工业总产出的比例，从而计算出在工业总产值下降时，只要直接材料等中间投入也相应地下降一定的幅度，就可以实现工业增加值增长。以石油加工、炼焦及核燃料加工业为例，在用电量下降10%、工业品出厂价格下降10%，以及投入产出数量比值为74.4%的情况下，当直接材料价格下降幅度超过42%时，将实现工业增加值同比增长。

国家统计局公布的一季度数据，工业品出厂价格同比下降4.6%，原材料、燃料、动力购进价格同比下降7.1%，在这种情况下，工业增加值增加5.1%，用电量下降了3%，在逻辑上没有问题。

所以我们应该正确认识并说明用电量和工业增加值数据背离的真正原因，正面回应外界的质疑，消除不必要的疑问以及可能带来的不良观感。

二、正确认识用电量数据下降反映的经济问题

正如上述分析，用电量下降意味着工业总产量下降，工业总产量下降意味着工厂开工不足，工厂开工不足意味着就业不充分或失业率提高。所以我们需要正确认识并正视用电量下降所反映的经济问题。

虽然，在用电量下降的情况下，只要工业中间投入也大幅度下降，仍可能实现工业增加值增长，即 GDP 增长。但是，要清醒地认识到，这种

情况下的 GDP 增长，并不一定能带来就业的相应增长，甚至可能带来的是失业率提高。所以说，保增长不等于保就业，而且从长期来看，如果失业率高居不下，也将通过总需求的减少，反过来影响 GDP 的增长，对此，我们需要有清醒的认识，并采取相应的应对措施。

三、不可简单地将用电量恢复增长作为经济复苏的标志

许多经济学家认为，经济是否复苏，第一条标准就是用电量是否恢复增长。这种认识是失之偏颇的。上面已经分析过了，在产品结构和生产效率确定的条件下，用电量增减可用来说明工业品总产量的增减，但不一定可以反映经济是否增长。

众所周知，当前我国经济主要面临着经济结构不合理、部分行业产能过剩等突出问题。所以调整经济结构、限制"两高一资一剩"行业的发展，建设资源节约型、环境友好型社会，实现经济社会的全面、协调、可持续发展是我国宏观经济政策的重要目标。在这种背景下，孤立地、机械地将用电量增长作为经济复苏的标志，就有点刻舟求剑的味道了。

总的来说，直接将用电量恢复增长和经济复苏等同起来的看法，可能会对以下两种情况进行误判：

其一，用电量恢复增长了，自然产能也是增加了，但是，如果与此同时工业生产的原料、燃料、动力和劳动者报酬也发生了大幅度的增长，那么，经济仍可能是增长放缓甚至是下降的。这就是出现经济停止增长或负增长，同时伴随着通货膨胀的"滞胀"现象。当前，就出现这种现象的苗头，一方面是各国中央银行在大量投放货币，同时，原油等大宗商品也已从最底部的30美元左右，上升到60美元以上了。这种情况，需要引起高度关注。

其二，可能出现的以下情形：在这次世界金融危机的冲击下，由于

外需的迅速萎缩，形成了对我国经济结构的巨大倒逼压力，我国经济部门尤其是外贸部门在经历了"刮骨疗伤"的痛苦过程后，顺利完成了产业升级和转型，逐步走上了经济结构布局合理、能源消耗降低的可持续发展道路。这种经济发展模式，不是以用电量增长来作为注脚，而是将用电量下降作为目标。

总之，用电量只是在产品结构和能源效率不变的情况下，用来反映工业总产量增减的指标，任何对这个指标的过度解读和联系，都可能会对经济形势产生误判，从而影响宏观经济政策的抉择，对此，需要有正确的认识。

（国家统计局网站：中国统计信息网 2009 年 6 月 17 日）

以大视野观察税收制度
和政策之变迁

——以软件和集成电路产品即征即退政策为例

　　著名历史学家黄仁宇提出了大历史（Macro-History）观，亦即是"从技术上角度看历史"（Technical Interpretation of History），对中国明代以来的历史作了重新的思考和梳理，并得出结论：明帝国之溃败在于不能对国家实行数目上管理（Mathematically Unmanageable）。①黄仁宇所称的数目上管理，乃指法律和制度。观察税收制度和政策之变迁也需要借鉴这种大历史观，在此称为大视野。所谓大视野，即用历史的眼光和世界的眼光去解读税收制度和政策变化之因由，而不局限于税收制度和政策内容变化之本身。

　　温家宝总理在2008年十一届全国人大一次会议记者会上指出："一个国家的财政史是惊心动魄的。如果你读它，会从中看到不仅是经济的发展，而且是社会的结构和公平正义的程度。"税收制度作为国家财政制度的重要组成部分，从来就是国家经济制度建设的中心内容。

---

① 黄仁宇. 万历十五年 [M]. 北京：中华书局，2006：223-235.

一、税收制度改革是我国历次社会变革的重要内容

从我国历史上看，国家富强之路，总离不开建立了与经济社会相适应的税收制度。秦孝公之商鞅变法，其中一项重要改革，就是改革税赋制度，实行负担公平的原则。商鞅提出"訾粟而税，则上壹而民平"（《商君书·垦令第二》），即国家按照统一的政策征税，按照收获多少定额征收，旧贵族占地多就要多交税，这样就可使人民的负担公平合理。商鞅变法，为秦嬴政统一中国，奠定了重要制度和物质基础。汉武帝之开疆拓土，得益于桑弘羊的三项新政，其中一项就是推行算缗和告缗，所谓算缗，也就是国家向商人征收的一种财产税。凡工商业者，都要如实向政府呈报自己的财产数，以上缴相应的税金。告缗是对不如实呈报财产的人，鼓励大家告发，经调查属实者，被告发人的财产将被全部没收并戍边一年，告发的人可得到被没收财产一半的奖赏。推行算缗和告缗，实行均输和平准，以及实施"官盐铁"这三项新政达到了"民不益赋而天下用饶"（《史记·平准书》）之效，为旷日持久的汉匈对决提供经济保障。正是有了充足的后勤保障，汉武帝才能"兵行三十余年，百姓犹不加赋，而军用给"（《汉书·萧望之传》）。

我国当代的改革开放，一个重要里程碑是，在1993年11月14日，党的十四届三中全会上，做了建立社会主义市场经济体制决定，并将财税体制改革，作为近期的改革重点，从而启动了1994年的新税制改革。新税制改革，初步建立和社会主义市场经济相适应的税收制度体系。新税制实施以后，扭转了"两个比重"，即财政收入占GDP比重和中央财政占整个财政收入较低的不利局面，税收收入从1994年的5 126亿元，增长到2008年的54 612亿元，14年，增长了10.7倍，快于同期的GDP增速，为今年应对国际金融危机，实施宽松的财政政策、进行结构性减税政策提供了重要的财力保障，并为应对更困难的局面储备了充足的"弹药"。

181

二、税收政策差异是美国政党间政治分歧的主要内容

从国际上看，在实行民主选举的国家里，税收政策差异，从来就是不同政党之间的主要分歧。这种现象，在两党制的美国表现得尤为典型。

2008年诺贝尔经济学奖得主克鲁格曼对美国共和党、民主党的党派差别研究结论是："党派差异的一个易于衡量的表征：税收政策，尤其是对富人的税收政策。里根、克林顿与小布什均以税收政策的重大调整开始各自的任期。里根与布什给富人减税，克林顿则对其增税。""两党的区别并非幻想。共和党人对富人减税，并试图削减政府福利、破坏福利国家；民主党人对富人征税，并试图扩大政府福利、强化福利国家。"[1]

表4　对1%最富者征收的平均联邦税税率

年度	最高边际税率（%）	总统及党派
1980年	34.6	卡特，民主党
1982年	27.7	里根，共和党
1992年	30.6	老布什，共和党
1994年	35.8	克林顿，民主党
2000年	33.0	克林顿，民主党
2004年	31.1	小布什，共和党

注：上表第1、2列的数据来自《美国怎么了？——一个自由主义者的良知》第120页，第3列是笔者加的。

20世纪80年代初，共和党的里根总统采纳以拉弗为代表的供应学派经济学家的思想，实行大规模的减税，个人所得税最高边际税率从34.6%下调到27.7%，加上其他配套政策，为美国从"滞胀"的泥潭中走出来发挥了重要作用。

---

① 保罗·克鲁格曼.美国怎么了？——一个自由主义者的良知[M].中信出版社，2008：119-121.

2009年新上任总统奥巴马以及新的国会进一步验证了克鲁格曼的结论。

2009年2月13日，美国国会众议院于当天下午以246票对183票的表决结果，通过了奥巴马政府提出的7 870亿美元经济刺激计划。在众议院的投票表决中，没有一位共和党议员投票支持。共和党人反对计划的理由是2 500亿美元的减税太少，而其他开支太多。在当晚的美国国会参议院最终投票表决中，以60票对38票的结果，批准了这个经济刺激计划。在参议院的表决中，仅有3位共和党议员投了支持票。（60票是参议院通过议案的最低必要票数）

2009年2月26日，民主党的奥巴马总统首份财政预算案，其中一项主要内容是提高个人所得税，包括取消对年收入超过25万美元夫妇的减税政策，并对年收入25万美元以上家庭的税率由35%增至39.6%。

税收政策在现代社会中的作用和影响可见一斑。

三、对软件和集成电路产品即征即退政策多次变化的解读

软件和集成电路产品增值税即征即退政策从2000年开始执行，原计划的执行期限是到2010年，但实际上集成电路产品即征即退政策2005年年初就停止执行了。在我国，党中央和国务院做出的具有国家战略意义的决策，执行中途而废，实属罕见。2008年，嵌入式软件即征即退政策得以进一步明确。对其中的多次变化，税务部门和企业都感到了有些无所适从，很有必要对其中因由进行深入分析和认真梳理，以便用好用足税收优惠政策，支持我国高新科技企业更好发展。

（一）2000年出台软件和集成电路产品即征即退政策

为贯彻落实《中共中央 国务院关于加强技术创新，发展高科技，实现产业化的决定》（中发〔1999〕14号）和《国务院关于印发鼓励软件产业和集成电路产业发展若干政策的通知》（国发〔2000〕18号，以下简称"18号文"）的精神，财政部和国家税务总局陆续出台了具体的税收政策。

1999年11月份，《财政部 国家税务总局关于贯彻落实〈中共中央 国务院关于加强技术创新，发展高科技，实现产业化的决定〉有关税收问题的通知》（财税字〔1999〕273号）明确对软件产品，按法定17%的税率征收后，对实际税负超过6%的部分实行即征即退。从1999年10月份开始执行。

2000年，18号文出台后，《财政部 国家税务总局 海关总署关于鼓励软件产业和集成电路产业发展有关税收政策问题的通知》（财税〔2000〕25号）进一步明确，自2000年6月24日起至2010年年底，对增值税一般纳税人销售其自行开发生产的软件产品，按17%的法定税率征收增值税后，对其增值税实际税负超过3%的部分实行即征即退政策。自2000年6月24日起至2010年年底，对增值税一般纳税人销售其自行生产的集成电路产品（含单晶硅片），按17%的法定税率征收增值税后，对其增值税实际税负超过6%的部分实行即征即退政策。

2002年，《财政部 国家税务总局关于进一步鼓励软件产业和集成电路产业发展税收政策的通知》（财税〔2002〕70号），进一步加大对集成电路产品的税收优惠：自2002年1月1日起至2010年年底，对增值税一般纳税人销售其自产的集成电路产品（含单晶硅片），按17%的税率征收增值税后，对其增值税实际税负超过3%的部分实行即征即退政策。

从1999年软件产品超税负6%返还，到2000年软件产品超税负3%返还和集成电路产品超税负6%返还，到2002年软件产品和集成电路产品都是超税负3%返还，国家对高新科技产业的鼓励支持力度可谓是不断加码的。因为高新产业被喻为"工业食粮",且关系国家安全命脉,国家扶持高新产业良好发展的意图是十分明确的。

(二)2005年停止集成电路产品增值税即征即退政策

18号文的起草小组组长杨学明研究员曾总结:"近几年,中国集成电路产业能够屡获突破,2000年6月出台的18号文件功不可没。相关数据显示,过去四年来,中国半导体行业的平均增长速度均超过30%,高于全球半导体行业平均增速3至4倍。18号文件对中国集成电路产业发展起到了历史性的推动作用。"

然而,《财政部 国家税务总局关于停止集成电路增值税退税政策的通知》(财税〔2004〕174号)要求,集成电路增值税退税政策自2005年4月1日起停止执行。

是什么力量,使中国政府做出与国家战略意图相违背的决定?表面理由当然是,2004年3月18日美国向WTO提出了诉讼请求,指出中国的集成电路产业增值税退税措施对进口的国外同类产品是歧视性的,违反WTO规则和中国入世议定书中的承诺。这个诉讼请求,是中国加入WTO后被告第一案。法律学者徐莉(2004)[1]、余莹(2007)[2]曾分析,我国可以考虑应诉,因为"与以违反国民待遇原则提起WTO争端机制相比,发起反补贴诉讼对起诉方要求更高的举证责任"。

但是,这个WTO官司并没有打成,取而代之的是中美双方的磋商。2004年7月2日,中美双方通过四轮磋商达成谅解。美方将在谅解备忘录签署后撤回在WTO争端解决机制下对中国提起的诉讼,而中方承诺享受

---

[1] 徐莉.尚有空间 可寻依据——评说中国被告WTO第一案[J].时代经贸,2004(7):42-45.

[2] 余莹.WTO框架下我国科技产业政策的运用——中美集成电路增值税案评析[J].科技进步与对策,2007(7):1-3.

增值税退税政策的中国集成电路企业及产品将继续享受该待遇直至2005年4月1日，届时将彻底停止集成电路企业及产品的增值税退税政策。

大家知道，除了集成电路的退税问题外，对我国出口产生深远影响的人民币对美元升值问题，也是中美磋商的结果。可以说，这并不是简单的WTO规则问题，而是国际政治、经济力量较量的结果。

（三）2008年嵌入式软件产品即征即退政策重新上路

2005年，在《财政部 国家税务总局关于增值税若干政策的通知》（财税〔2005〕165号）中，首次出现"嵌入式软件"这个名词。在此文件中，明确"嵌入式软件不属于财政部、国家税务总局《关于鼓励软件产业和集成电路产业发展有关税收政策问题的通知》（财税〔2000〕25号）规定的享受增值税优惠政策的软件产品"。

2006年，《财政部 国家税务总局关于嵌入式软件增值税政策问题的通知》（财税〔2006〕174号）指出财税〔2005〕165号中的"嵌入式软件"是指纳税人在生产过程中已经嵌入在计算机硬件、机器设备中并随同一并销售，构成计算机硬件、机器设备的组成部分并且不能准确单独核算软件成本的软件产品。增值税一般纳税人销售其自行开发生产的用于计算机硬件、机器设备等嵌入的软件产品，仍可按照《财政部 国家税务总局 海关总署关于鼓励软件产业和集成电路产业发展有关税收政策问题的通知》（财税〔2000〕25号）有关规定，凡是分别核算其成本的，按照其占总成本的比例，享受有关增值税即征即退政策。这其实是对财税〔2005〕165号规定嵌入式软件不能享受即征即退政策的一个否定。

但是，在实践过程中，出于种种原因，财税〔2006〕174号文并没有得到很好的执行。原因是多方面的，一是税务机关无所适从，难以把握上级文件的真实意图，不知道对于嵌入式软件退税的尺度该如何把握。二是纳税人无所适从，2004年突然停止了对集成电路产品的即征即退政策，

2005年又规定嵌入式软件不属于可退税的软件产品，2006年随即又否定掉2005年的文件，纳税人觉得政府政策朝令夕改，难以积极响应。三是这个文件缺乏操作性，因为这个文件规定嵌入式软件应分别核算成本，但是核算方法依据却不明确，难以真正付诸实施。根据深圳市国税局主管部门掌握的情况，该市只有极少数的骨干大企业对嵌入式软件分别核算并申请退税，可以说，财税〔2006〕174号文的执行效果十分不理想。显然，财政部和国家税务总局也意识到这个问题。

2008年，《财政部 国家税务总局关于嵌入式软件增值税政策的通知》（财税〔2008〕92号）出台。笔者认为，这个文件具有十分重要的积极意义。一是这个文件再次明确，嵌入式软件产品分开核算可以享受增值税即征即退；二是这个文件给出了嵌入式软件销售额的计算公式，解决了嵌入式软件产品难以分别核算问题；三是这个文件还规定，嵌入式软件的退税自财税〔2005〕165号文发布之日起执行。最后这一条，在税收文件中十分罕见，因为它是一条优惠政策追溯执行的政策。

梳理软件和集成电路产品即征即退政策，脉络应该是清晰的，对高新科技企业的支持，是国家的战略决策，虽然出于各种原因，政策执行出现了波折，但是从国家真正意图来说，却是从未改变的。特别是财税〔2008〕92号，政府的支持力度可以用强烈来形容。

但是，在2009年2月底，也就是财税〔2008〕92号出台后的7个月后，笔者在对深圳市高新科技企业的税收讲座上现场调查发现，出席讲座的50多家中小型的高新科技企业，竟然无一户企业向税务机关申请嵌入式软件产品退税。

由此可见，对于政府来说，政策的延续性是多么重要，因为失去信任容易，而建立信任却是困难的。与此同时，对于基层税务机关和纳税人来说，用大视野去解读税收制度和政策之变迁是多么重要，因为唯有这样，才可以真正掌握税收制度和政策变化的原因和政策的真实意图，这正是本文的现实意义之所在。

四、结语

古今中外的历史和实践表明，税收制度建设始终是国家经济制度建设的中心内容。对税收制度和政策的变迁，既要从各税种的内在要求，比如增值税的中性原则，所得税的"自动稳定器"特点去理解，又要结合国内的税收环境、历史文化以及征管水平的因素，特别是，在经济全球化的今天，还要从国际政治、世界经济和自由贸易等大视野去观察和解读。这样，才可以真正理解税收制度和政策变迁的内在因由，真正吃透税收政策的精神实质，切实用好用足各项税收政策，促进经济社会科学发展。

（网易博客网站 2009 年 3 月 24 日）

《增值税一般纳税人纳税申报
"一窗式"管理教程》导论

一

增加税收收入，实现财政增收节支，是税收工作的中心内容。增值税作为我国最主要的税种，其收入占全部税收收入的约50%，增值税的管理成效是保持税收收入维持较快速度增长的关键。

从税收征管状况看，虽然这些年来以金税工程二期和CTAIS为标志的信息化建设取得了历史性的进展，特别是金税工程二期在对专用发票防伪方面起到了重要作用，有效遏制了利用伪造专用发票骗取扣税的违法犯罪活动，对于抑制虚开增值税专用发票犯罪，起到了一定作用，但由于各系统独立运行，存在着信息不能共享、信息质量不高、数据资源综合利用水平较低等问题。作为核心系统的金税二期和CTAIS（或各省征管软件）的独立运行，导致金税二期中"票票"比对结果与纳税人实际的申报缴税情况脱节，真票虚开的问题未能得以彻底遏制，严重影响了税收征管的质量与效率。

2003年3月底，国家税务总局局长谢旭人在总局流转税司等部门同志的陪同下到北京市西城区国税局调研。在调研中了解到，纳税人开具发票的IC卡抄报税、进项抵扣的抵扣联认证和递交申报表的申报窗口是分别设置的，并且IC卡抄报税数、抵扣联认证数和纳税申报数在前台没有联系起来。另外，纳税人在办理抄报税、认证和申报业务时，需要多个窗口跑，很不方便，纳税人意见很大。

通过调研，谢旭人局长认为，IC卡抄报税、认证与纳税申报互不联系是增值税管理的薄弱环节。2003年4月10日，谢旭人在全国加强税法宣传工作电视电话会议上指出"要进一步加强增值税征管。各地税务机关要充分利用现有信息资源，在做发票比对的同时，要逐月将当地纳税人申报的增值税销项情况，与其输入金税工程的增值税专用发票存根联进行纳税比对，发现问题及时处理。在增值税专用发票认证环节，要建立确认书留底并转到申报纳税环节备查制度"。

2003年4月，谢旭人局长到河南、山东等地调研。河南省国税局汇报通过实施"两个比对"和其他纳税评估措施，一年可堵塞漏洞1.5亿元，印证了实施"两个比对"的重要性。在这次调研中，谢旭人再次指出要利用现有信息资源进一步加强增值税管理。一是加强对增值税专用发票抵扣联认证管理，必须建立"认证书"留存根，并将存根及时转到纳税申报环节备查的制度。二是要实施申报表的销项数据与金税二期中的发票存根联数据比对，确保开了票部分的销售收入足额申报纳税。

2003年5月，国家税务总局有关部门及有关省市就增值税纳税申报"一窗式"管理开展调查研究。

2003年6月4日，谢旭人局长在深圳市国税局调研时，验证了在不增加投资的情况下，通过适当的技术手段，在一个窗口一台电脑中显示三个系统的数据，进行比对，产生比对结果，实现防伪税控系统中的抄报税数据、认证数据和征管系统中申报数据共享的事实。

在广泛调研的基础上，国家税务总局决定，对增值税纳税申报实施"一窗式"管理，通过采取必要的技术连接手段，促成两大系统的衔接，提高信息系统的应用水平，强化增值税管理。2003年6月19日，国家税务总局下发《国家税务总局关于推行增值税一般纳税人纳税申报"一窗式"管理模式的通知》（国税发明电〔2003〕26号）。

2003年7月2日，国家税务总局下发《国家税务总局关于推行增值税一般纳税人纳税申报"一窗式"管理模式有关问题的通知》(国税发明电〔2003〕28号)。

2003年7月16日，国家税务总局下发《国家税务总局关于确保增值税纳税申报"一窗式"管理模式推行到位的通知》(国税发明电〔2003〕30号)。

2003年8月，全国5 213个办税大厅，全部实行了增值税纳税申报"一窗式"管理模式。

二

"一窗式"管理是谢旭人局长经过深刻思考、细致调研后，在总结这些年来税务管理工作基本经验的基础上，提出的一个立足于增值税管理，着眼于整个税收管理现代化的思想体系，是全体税务干部思想智慧的结晶。"一窗式"管理从强化增值税专用发票管理和优化纳税人服务出发，首先提出了"一个窗口"+"两个比对"的增值税一般纳税人纳税申报"一窗式"管理模式；接着拓展比对的内容，从"两个比对"拓展到"六个比对"，进而提出了"一四六小"的增值税管理基本思路；最后形成"以票控税、网络比对、税源监控、综合管理"的增值税征管体系。

增值税一般纳税人纳税申报"一窗式"管理的基本内容，概括而言就是"一个窗口"+"两个比对"。所谓"一个窗口"并不是指税务机关办税大厅只设一个窗口，而是指原来分为三个环节操作的抄报税、认证和申报工作必须在"一个窗口"内进行，纳税人到税务机关办税大厅任何一个窗口均能办理完毕增值税纳税申报(包括抄报税、认证和申报，下同)，无须多次排队。"一个窗口"是对纳税人而言的。对税务机关而言，其核心的工作就是要对受理申报的资料进行审核，通过计算机手段或人工对纳税人申报销项的对应栏目数和IC卡记录中的专用发票开具数比对，二者逻辑关系必须相等；对申报的进项抵扣数和专用发票的认证相符数比对，其逻辑关系是认证系统采集的进项信息必须大于等于申报资料对应栏目中填写的进项信息。

我国的增值税实行凭发票注明税款抵扣制度。可抵扣的发票除增值税专用发票外，还有海关代征增值税专用缴款书（以下简称"海关完税凭证"）、货物运输发票（以下简称"货运发票"）、废旧物资发票及农产品收购凭证和发票。"两个比对"，是对专用发票的存根联与销项及抵扣联与进项的比对，仅仅局限于要求增值税专用发票的"票""表"一致。由于增值税的链条机制，仅仅管好增值税专用发票不足以彻底遏制虚假抵扣和虚开发票的偷骗税违法犯罪活动。

2003年7月，谢旭人局长到安徽、江苏等地调研时提出了增值税管理的基本思路是"一四六小"。"一"是指加快推行增值税一般纳税人申报纳税"一窗式"管理模式，做好"两个比对"，优化纳税服务，改进工作，提高效率。"四"是指加强对农副产品收购发票、废旧物资收购发票、货运发票、海关完税凭证等四张票的管理。就是要运用计算机和网络手段，对这些发票纳税情况进行比对审核，切实防止骗取抵扣税款。特别是国、地税局要加强协调配合，强化对货运发票的管理。"六"是指以"一窗式"管理为突破口，实现增值税管理中防伪税控开票系统、认证系统、交叉稽核系统、协查系统、申报纳税系统和发票、会计、统计、评估管理系统等六个系统的工作联系和信息共享。"小"就是要加强对小规模纳税人的管理。

"一四六小"是增值税一般纳税人纳税申报"一窗式"管理内涵的拓展和延伸，是增值税管理体系的一个重要内容。"一四六小"提出，在"两个比对"的基础上增加海关完税凭证抵扣清单与申报表进项税额对应栏目的比对，货运发票抵扣清单与申报表进项税额对应栏目的比对，废旧物资发票抵扣清单与申报表进项税额对应栏目的比对，接受代开增值税专用发票的抵扣清单与申报表税额对应栏目的比对，从"两个比对"拓展到"六个比对"，这"六个比对"统称"票表比对"。

"票表比对"的实质就是要用票来掌握纳税人销项税额和进项税额，从而准确地计算应纳税额。实施"票表比对"要以计算机网络为依托，实现信息共享，实施"票票""票表"乃至"表库"的比对。

现实生活中，由于小规模纳税人大量存在，小规模纳税人和一般纳税人的户数比为9∶1。在货物交易过程中，只要一方涉及小规模纳税人，一般不开具或无法开具增值税专用发票；另外，还有最终的消费者无须也无法取得增值税专用发票。"以票控税"只能管住开票部分的税，管不住不开票部分的税。所以要管好增值税就必须通盘考虑，既要通过"票"来控制住开票部分的税，还要通过税源的综合管理来管好不开票部分的税。

2004年8月26日，谢旭人在全国流转税工作会议上提出了增值税管理的十六字方针是："以票控税、网络比对、税源监控、综合管理"。这十六个字是增值税管理的基本体系和基本理念，是"一窗式"管理模式内涵的进一步拓展和延伸，构成了"一窗式"管理思想体系的重要组成部分。

以票控税的原理是采用统一的发票，通过发票记录反映企业的销售和消耗情况；通过审查企业销项发票和进项发票，确定其应纳税额，并把销项发票与抵扣发票连接起来，形成征管链条，简而言之，即通过发票掌握企业的进销项或营业收入。

网络比对的核心是通过计算机网络核对进项抵扣的发票是否为对方开具的发票，对方开票以后是否已缴税。首先是销货方税控器具开具发票的信息在计征税款后及时准确地录入税务机关的计算机网络系统，其次是购货方抵扣发票的信息在认证后也及时准确地录入税务机关的计算机网络，随后在计算机网络中对销货方和购货方信息进行比对。网络比对既是对金税二期成功经验的高度概括，也指出了其他小票的管理也要向"电子采集、网络传输、电脑比对"方向发展，各税种的信息化管理都要以计算机网络为依托。

税源监控是税收征管工作的基础。发票无法覆盖所有经营行为。企业销售的真实情况，申报抵扣的进项票是不是真正缴过税，网络比对也不能完全解决，这需要依靠加强税源管理来发现和解决问题。税源监控，包括纳税评估、税源分析、日常检查等，也包括通过稽查重点打击偷逃税行为，提高纳税人税法遵从度。实施税源监控要实施税收管理员制度，要做到人机结合，既需要依托计算机进行管理，也需要发挥人的主观能动性加强管理。

综合管理包括发票管理、一般纳税人认定、申报纳税和交叉稽核等计算机网络管理、税源监控等，也包括与相关税种如企业所得税管理的综合协调，与有关部门的协调配合等。税源监控，综合管理，是各税种管理的共性要求。

三

"一窗式"管理是一套关于税收管理现代化的思想体系，它的提出对强化税收管理、堵塞管理漏洞；促进信息资源共享、实现信息系统整合；进行业务重组、规范税务机构设置；密切部门合作，加强国、地税协作；优化纳税服务、提高纳税遵从度；提供科学的现代税收管理理念等方面已经或将要发挥重大作用。

堵塞税收漏洞，加强征收管理。据统计，"一窗式"管理推行初期，从2003年8月征期至12月征期，仅是在窗口通过增值税票表比对，减少可能的税收流失就约44.5亿元。而且"一窗式"管理不仅仅体现在对比对异常的处理而形成的收入增长，更主要的在于建立了申报审核制度，促使纳税人如实申报，同时对不法分子形成了威慑作用。实施"一窗式"管理后，增值税收入增长弹性比以往进一步提高，促收效果明显。货运发票、海关完税凭证、废旧物资发票管理的加强，一定程度上遏制了利用这三张票骗抵增值税的违法犯罪活动。加强货运发票管理，还有效地加强了货运业营业税的征收管理，促进了营业税收入的增长，形成国地税"双赢"

的局面。据统计，2004年1—6月，内河、公路货物运输业营业税收入为62.1亿元，同比增长42.5%。

实施信息系统整合，实现信息共享。"一窗式"管理将报税、认证、申报三项原来互不衔接的业务管理在税务端进行整合，使得报税、认证、申报三项数据能够相互复核，初步实现增值税管理中防伪税控开票系统、认证系统、交叉稽核系统、协查系统、申报纳税系统以及发票、会计、统计、评估管理系统之间的工作连接和信息共享。在货物运输业税收管理工作中，也初步实现了国、地税之间信息资源的互联共享。这些成功实践，体现了信息化建设"统筹规划、统一标准，突出重点、分步实施，整合资源、讲求实效，加强管理、保证安全"的总体要求。

进行业务重组，描绘科学组织结构蓝图。根据"一窗式"管理的要求，税务组织机构的规范化成为不可阻挡的潮流。"一窗式"管理描绘了科学税务机构的蓝图。一是规范。要依法撤销、变更不规范的外设机构或改为内设机构，并调整管理职能。要根据新形势需要调整内设机构职能，健全岗责体系，加强部门协调配合。二是统一。对市以上税务机关要进一步完善现有分税种管理和按税收管理职能相结合的组织结构体系，对基层税务机关不再分税种设置机构，一个口子对纳税人，内设部门按征收、管理、稽查等税收管理职能内容设置。"上面几条线，下面一根针。"注意部门协调，保证下来的几条线是和谐统一的，下面执行要注意统筹兼顾，通过"一窗式"窗口面向纳税人统一操作。三是综合管理加专业管理。对市以上税务机关要明确综合管理和专业管理的制度，通过内部综合协调，形成指导基层征管的统一意见。对基层税务机关要使征收、管理、稽查成为一个整体，既要分工，又要合作，既要制约，又要协调，实现三者的有机结合。要形成综合管理的概念，对上级下发的各种指导管理，包括税种管理的文件，要综合运用到对具体纳税人和具体办税事务的管理上。

密切部门协作，形成征管合力。在加强货运发票管理的工作中，地税部门通过对从事货物运输单位和个人的监控，强化货运发票的管理，并及时将货运发票信息传递给国税部门；国税部门利用现有的金税工程网络对地税部门传递来的货运发票存根联信息与增值税一般纳税人申报的货运发票进项抵扣信息进行比对，并在适当时候将比对不符的发票信息反馈给地税部门。通过相互协作，形成税收工作的合力，共同堵塞税款流失漏洞。这是一次机构分设以来国、地税部门之间在税收征收管理方面全面的大规模协同作战，取得了可喜成效。在加强海关完税凭证管理时，通过与海关部门交换征、退税数据，共同实施有问题海关完税凭证协查等方面也取得了重大进展。

优化资源配置，提高队伍素质。过去处理纳税申报或者其他办税事务，一件事情需要几个窗口，不仅要配置更多的设备，而且要安排相应税务操作人员。"一窗式"推行后，通过重组业务流程、整合系统资源，节约了前台的人力物力。同时对税务人员的业务素质提出更高要求，有利于促进税务人员综合业务素质的提高。

优化纳税服务，提高纳税遵从度。"一窗式"推行以来，纳税人多头跑、多个窗口排队等候办税的现象大大减少，纳税人办税时间大大缩短，往返税务部门的次数明显减少，切实减轻了纳税人负担。纳税人负担的减轻，有助于提高纳税遵从度。

为新时期税收征管工作提供了具有重要指导意义的管理理念。首先是以人为本的理念。人是做好各项工作的关键因素，充分发挥人的主观能动性，是税收事业全面、协调、可持续发展的重要保障。其次是精细化管理的理念。细节决定成败，强化税收管理应当注重措施落实，深入细致，立足现实条件，充分利用现有资源，讲求实际效果。再次是优化服务的理念。管理与服务的有机结合，在管理中优化服务，在优化服务中加强管理，是新时期税收征管工作的基本要求。最后是资源整合的理念。加强部门间协调合作，整合现有信息系统，促进信息共享，是加强新时期税收征管工作的有效手段。

所以说，"一窗式"管理是税务系统坚持聚财为国、执政为民的生动实践；是践行"三个代表"重要思想，提高执政能力的内在需要；是推进税务管理现代化进程的强大动力。

四

"一窗式"管理是系统思考的结晶。系统思考是把握全局，形成体系的思考方法。系统思考能帮助人们深入观察整体形成的要素，组成分子之间整体的互动关系。"一窗式"的思想体系正是这种系统思考的体现。抄报税、认证、申报是可以相互分离的操作，分离也许有利于提高专业操作水平和操作效率，职责也较为明确。但从系统思考的角度，这种分离带来对整个税务组织不利的结果。一是数据的对碰、核对不足，带来申报、抄报税环节乃至抵扣环节的征管漏洞，出现了只管票、不管税的舍本逐末的现象。在信息共享水平不高的情况下，这些环节分离可能带来更加严重的后果。二是影响了纳税人对税务机关的服务质量评价。纳税人在办税过程中需要往返于多个部门、窗口，引发办税程序复杂、排队等候等问题。在综合对部门目标和整体目标的影响后，这些环节的整合更有利于组织目标的实现。

"一窗式"管理的实践是系统思考和精细化管理有机结合的范例。在ISO质量管理体系中，有一个著名的规划（Plan）—执行（Do）—检查（Check）—反馈（Action）的封闭环。即通过管理活动达到组织目标的过程是由多环节组成，并且环环相扣，互相影响。在做规划（Plan）时必须进行系统思考、通盘考虑，如增值税的管理不能只管专用发票，还要管其他发票，除了要管发票外，还要管不开票部分，所以说从"两个比对"到"六个比对"以及"以票控税、网络比对、税源监控、综合管理"增值税管理体系的提出是系统思考的结晶。在具体的执行阶段（包括执行、检查和反馈）就需要在系统规划的基础上，实施精细化管理，不忽视执行过程中的任何一个细节，不但窗口需要归并，窗口的设置、办税的指引、业务流程的衔接都必须清晰、明确，这种执行力要达及全国5 000多个办税大厅的每一个窗口。所以说"一窗式"管理实践是系统思考和精细化管理有机结合的范例。

"一窗式"管理体现了业务流程重组的理念。流程重组要求将工作流程化，在流程化的基础上对流程进行分析，区分增值环节和非增值环节。"一窗式"管理通过整合具体业务，减少窗口之间资料、信息传递以及纳税人来回不同窗口、等待等非增值流程时间，将流程时间主要用于数据钩稽等增值环节，提高流程的整体效能。

"一窗式"管理反映了科学设置组织结构及资源整合的深层次需求。税务系统现在年组织收入已超过30 000亿元，人员号称百万大军，各级机构、部门逾万个，是一个庞大、复杂的系统。这样的组织系统最容易出现的问题是对新情况、新问题反应迟钝。现在有些内部司（处、科）等组织架构已经出现了管理真空、管理薄弱等一系列问题的苗头。推广"一窗式"是对我们组织架构的一次考验。随着这种业务整合趋势的不断加强，组织架构必须适应这种变化的要求。使组织能够更灵活、更协调，能更好解决征管问题和满足纳税人要求。

"一窗式"管理贯彻了行政许可法中的便民与效率原则。"一窗式"管理的原则性法理来源是行政许可法的第六条，即实施行政许可，应当遵循便民的原则，提高办事效率，提供优质服务。其直接法理来源是该法第二十五条：根据精简、统一、效能的原则，可以决定一个行政机关行使有关行政机关的行政许可权。第二十六条：需要行政机关内设的多个机构办理的，该行政机关应当确定一个机构统一受理行政许可申请，统一送达行政许可决定。"一窗式"管理贯彻了行政许可法的这些要求。在办税大厅设立统一的窗口统一受理纳税人涉税事宜，可以建立税务机关统一对外办公的形象。需多层审批的涉税事项应按照一定的流程由税务机关人员进行内部传递，把纳税人和税务人员直接接触的环节减到最少。原来要在不同的窗口办理抄报税、认证、申报，纳税人缴一次税要排三次队，现在一个窗口就可把三项事宜一次性办结，节省了纳税人的时间。

五

本书是根据国家税务总局制订的《增值税一般纳税人纳税申报"一窗式"管理操作规程》编写的。该操作规程对"一窗式"申报过程中遇到的突出问题提出了针对性的解决方案：一是调整"一窗式"申报工作流程。将现行"先抄报税，后申报，再票表比对"的工作流程统一调整为"先申报，后抄报税，再票表比对"，以解决使用远程申报的纳税人在票表比对不符时每月需两次跑税务机关（抄报税一次，处理"票表比对"不符一次）的问题。二是实施申报与发票发售的信息衔接。纳税人在抄报税完毕后，IC卡不自动解锁，纳税人此时尚无法领购发票。将IC卡解锁放在"票表比对"环节，"票表比对"结果正常的，自动解锁；异常的则待处理完毕后再进行人工解锁。IC卡解锁后，纳税人方可领购发票。三是调整税款缴纳的时限。对未实行"税银库联网"缴税方式且当期有应纳税款的纳税人，统一实行"先缴税，后申报"方式，即：纳税人申报前，先到开户银行将当期自行核算的应纳税款进行缴纳，之后持加盖有银行"收论"或"转论"专章的《税收缴款书》随同其他申报资料向税务机关申报。四是增加"表库"比对的内容。即在"六个比对"基础上，对申报的应纳税额数和国库入库的税款数进行比对。

（2005年7月）

第四篇

税收实践的文化力量

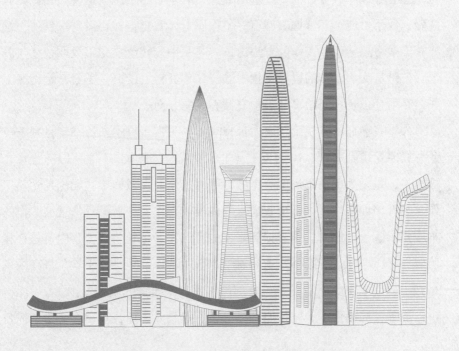

税收工作与格物致知

"致知在格物，物格而后知至。"通过读书，学习掌握税收工作方法论，加强中华优秀传统文化修养，加强与世界文明的交流互鉴，甚为必要。

2021年，研发费用加计扣除从年度汇算清缴时享受改成可以在季度申报时享受；第四季度，国务院还出台了对制造业中小微企业的缓税政策；调整个人独资企业生产经营所得适用核定征收的范围等，这些工作都是需要税务部门落实的。我在单位分管税政科、社保费税科、征管科、数据所等部门，现行税制中的18个税种的核心政策、大的征管流程和信息化，还有社保非税业务的一些基本概念，必须了然于胸。但税收知识如此浩瀚，我不可能全然掌握。履行好工作职责，我觉得需要做到三点：一是要善于学习总结税收工作的方法论；二是从中国传统文化中汲取智慧与养分；三是从交流互鉴的世界文化中寻找参考资料。读书、学习，是做好工作之必须，也是在繁杂事务当中安顿心灵的方剂。

去年我参加国务院第八次大督查时，手头带了一本参考书，是国家税务总局原党组副书记、副局长王秦丰的《我与税务人》。之所以随身带着这本书，是因为此书提供了一个做好税收工作的思考框架，无论是党建工作、教育培训工作、国际税收还是其他税收工作，作者都是从这项工作的本质要求谈起。比如，作者谈到督察内审工作，他认为"督察内审是自我监督""税收工作包括决策、执行、监督、评估和反馈等环节，督察内审是其中的一个重要环节，是税务部门实现自我监督的制度安排"。后面再讲：服务大局抓督审、坚持原则抓督审、熟悉业务抓督审、配合协调抓督审、严于律己抓督审。作者在篇幅不长的文章里，把督审是什么、怎么抓讲得清清楚楚，而且行文中旁征博引、条分缕析，娓娓道来，思想和文采兼备。

在书中，还有两篇文章给我留下很深的印象。一篇是《学习优秀传统文化》，另一篇是《度好人生的紧要处》，前一篇是作者在国家税务总局税务干部学院2017年秋季开学典礼上所讲，后一篇是与我们第五批全国税务领军人才学员座谈时的讲话整理，既叮嘱我们要"完成规定学业"，又讲解"掌握正确方法""培育人文素养"以及"提高文稿水平"的经验方法。看一篇文章，就了解一个部门的工作；读一篇作品，思考框架就丰富一些。凡事抓住事物的本质，这是任何工作中都必不可少的思维方法。对于我自己分管的税政、征管等工作，我认为要做到心中有数，把握本质，系统思维，着眼全局。从这个角度出发，无论是研发费用加计扣除政策落实落地、中小制造企业缓税，还是个税核定征收范围调整，就都更容易理解了，也只有认知提升了，行动才能够更加坚定，政策执行效果才能够彰显。

新的一年，我的书单里有不少一直想读的好书。比如夏海先生的《国学溯源》。此前他另一本著作《老子与哲学》曾经给我很大帮助，让我从本体哲学、人生哲学、政治哲学三种体系理解《道德经》。也希望在今年能够读完法国作家安德烈·纪德的生命三部曲《背德者》《窄门》《田园交响曲》等人文类书籍，以及《哈耶克全集》等经济学专业书籍。

正如《礼记·大学》所言，"致知在格物，物格而后知至"。做好税收工作，从某种程度上来说，确实也是"在明明德，在亲民，在止于至善"。

（《中国税务报》2022年11月29日 B1版）

领军路 奋斗路

　　辛丑之冬，回望前路，想起年初给自己定的目标：与诗书在一起。这既是我心里的梦想，也是我工作生活的需要。

　　今年是我的税务领军人才学员结业年，也就是结业论文答辩年。在结业论文答辩时，取得好成绩，为四年的学员生涯画上一个漂亮的句号，是我今年的最大心愿，也是每一位第五批税务领军人才学员的心愿。想要在结业论文答辩时顺利通过，就要在平时的工作中勤实践、多思考，深想一步、深耕一层，积累学术成果。回顾这一年，我在《税务研究》等报刊上发表了《"双循环"新发展格局下的税收政策建议》《税收助力深圳40年经济发展的实践和经验》等多篇理论文章。

　　今年7月，在长沙进行结业论文预答辩后，我被抽调参加第八次国务院大督查第九督查组相关工作。18天的时间里，平均每天要写近3000字的非税收专业简报，忙碌且充实。今年10月，我在扬州参加了结业论文答辩，并取得了优异成绩。这一路，"看似寻常最奇崛，成如容易却艰辛"。四年领军路，奋进不停歇。这条路是学习之路、成长之路，更是奋斗之路，似一首诗，是我们写出来的，也是我们干出来的。

　　四年领军生涯，匆匆、匆匆，一直没有足够的时间陪伴爱人和女儿。今年领军结业了，我也给自己定下了一个小目标，为家人提供高质量的陪伴。

　　《与诗书在一起》是叶嘉莹先生品读经典诗词的记录整理及她本人的诗词集。结业论文答辩后，我才有时间细读了2018年冬天在南开大学培训时买回来的这本书。读后，我感佩叶先生的才思，感伤她的忧思，感念她的乡思，很想借给女儿推荐书的机会，好好跟她聊一聊。但她这个年纪，忙于学业，已经没有时间和我同读一本书了。

我跟女儿说："爸爸要写一篇《与诗书在一起》的读书笔记，你帮爸爸做一个视频吧。"女儿一个下午就完成了视频制作，唯美的江南水乡画面，悠扬的大提琴音乐，配有对叶嘉莹先生的介绍："莲实有心应不死，人生易老梦偏痴。千春犹待发华滋""她是白发先生，她是诗词的女儿""她的一生，才华横溢而命运多舛，颠沛流离却度人无数""身在无间，心在桃源"。

我看后，心中赞叹。叶先生一辈子的梦想是为中国文化播撒种子，让中国诗词内在精神和文化方面的美得以传扬。而我以这种"合作"方式，使得内心对陪伴女儿的亏欠得到些许补偿。

如今，回想2021年的收获，陪伴青春有诗书，甚慰。

（《中国税务报》2021年11月29日 B1版）

那一组组起伏向上的数据

敲下最后一个句号，为2020年的最后一篇调研分析文章收尾。

受到新冠疫情的影响，2020年第一季度深圳地区生产总值下降6.6%。上半年回升"转正"，同比增长0.1%，前三季度更是实现生产总值同比2.6%的正增长。这一组组起伏向上的数据，正是战"疫"强劲的心声。

起身走到窗前，看着税务所大门前川流不息的车流，我的思绪不知不觉间又回到了今年年初的时候。

漫漫长夜终将明

年初，疫情发生后，往日熙熙攘攘的办税服务厅变得门可罗雀。办公楼里弥漫着消毒水的气味，与同事相遇，彼此都戴着口罩，远远地只能互相点个头示意。

2月21日，我忽然接到了深圳市税务局总审计师李显著的电话，通知我参加市局组建的"税收数据服务大局"工作专班，并由我牵头，自建团队，自选角度，直接负责"利用增值税发票数据开展复工复产分析"系列报告中的一篇专题报告撰写，2月24日就要拿出初稿。

我有些迟疑。据有关数据统计，到2月14日，深圳的复工率尚不足30%，远低于全国的平均水平，只怕调研报告出来的数据也不乐观。何况时间紧，任务重，自己能否挑起这副重担？

但转念一想，正因为眼前的景况不甚理想，才更需要税收分析去找准"病因"，对症下药。这不就是国家税务总局局长王军所说的"数据服务大局要加力"的体现吗？医务工作者在前线抗疫救人，我们则在后方用税收数据分析去"救"企业。这么想着，我心中下意识涌起的焦虑感很快就被使命感所替代。

当晚，我联系了王永奇、黄海、张敏、李鹏四位同事，确定了以"5G产业链的复工复产情况"作为分析的切入点，通过对华为、中兴通讯等5G巨头及其上下游各50户产业链企业开票数据的分析，来了解产业的复工情况。

团队成员来自市局不同处室和基层局，在疫情防控形势下，我们只能通过线上联系，大家就这样隔空并肩作战，不分昼夜，数据实时汇集到我这里。

建模、分析，巨大的工作量让我的心理和生理承受都到达了极限。初步数据统计的结果更让我的心头笼上了一层阴霾。自2月3日复工以来，华为的开票金额和收到的发票金额相比上年可比时段都有较大幅度的下降。当时，我心里有点儿发愁：龙头企业尚且如此，中小微企业的情况岂不是更令人担忧？

这篇分析报告交稿前夕，我忽然发起了低烧。难道是中招了？我内心非常不安，在自我隔离中继续坚持数据分析。在进一步剔除了2019年春节后因大额订单集中开票造成的数据异动后，最后的结论竟然远比想象的要好，开票金额可比下降不到10个百分点，受票金额可比还有小幅增长，且整体呈现出由负转正的趋势。需求仍然在！很多的订单只是推迟，而不是取消。

这些数据就像是黑暗中的一盏明灯，让我从中看到了我国经济发展的韧性，疫情终将被战胜，经济一定会恢复，长夜也终会过去！

也许是因为卸下了压力，也许是因为重振了信心，天亮的时候，我的烧退了。又是崭新的一天。

柳暗花明又一村

"智文，现在的这个初稿各方面的数据还是挺翔实的，分行业、分区域对居民消费行业的复工复产情况分析也挺到位，但还可以再深化。你回去再琢磨琢磨，持续动态更新。"在看过一篇新的分析报告后，李显著总审计师给我提出了修改意见。

彼时已是草长莺飞四月天，气温逐渐回暖，国内的疫情基本得到了控制，居民整体消费也在加速复苏。3月，深圳居民消费相关行业的开票数据环比上月增长 120.8%，较上年同期的环比增长率增加 37.1 个百分点。

我们的分析团队也适时地选择了"消费"这一主题做文章，选取了八大与居民消费密切相关的行业开展发票数据分析，以便为更好推进各项消费支持政策精准落地提供有力的数据支撑。

从开票数据来看，截至4月初，深圳市居民消费相关行业的复销率为 74.6%，复销趋势总体向好，其中邮政业甚至实现了逆势增长，交通运输业复销率超过全市全行业平均水平，但整体复销率相比深圳市全行业的复销率仍低 3.5 个百分点。

让人有些担忧的是，不同行业、不同区域的复销情况存在较大差异。容纳就业人数最多的批发零售业，复销率不到平均水平，而吸纳就业人数排名第三的住宿和餐饮业当时的复销率仅为 40%，这意味着巨大的就业压力。

我反复翻看着手中的数据，细细品味着李显著总审计师和市局局长张国钧给我提出的意见，忽然眼前一亮。虽然线下的零售业恢复情况不甚理想，但餐饮配送外卖服务和线上娱乐业的复销率分别高达 100.8% 和 126.3%。线上消费的大热还将有力带动 5G 终端的建设，2020 年我国预计会建成约 80 万个 5G 基站，这又将创造多少个就业岗位，这不就是大危机中酝酿的大转机吗？

一篇好的分析报告，不能只谈眼前的困难，更要想办法，要成为解忧的良方、行动的指南。在修改后提交的报告中，我增加了"加快构建'智能+'消费生态体系建设"与"支持汽车消费的财税政策是一场及时雨"两项新内容。结合市场新动态与新出台的消费支持政策，对如何继续提振消费提出了建议，为领导决策提供参考。

看着手头刚完成的有关深圳经济特区建立40周年中税收制度实践的分析文章，我不禁感慨：2020年前三个季度，我国成为全球首个实现正增长的主要经济体，这是属于中国的奇迹。深圳用40年时间，从一座边陲小镇成长为而今的改革开放的窗口，这也属于中国的奇迹。

在不断创造奇迹的道路上，我们遭遇过许多挑战，2020年的新冠疫情只是其中之一。作为一名税务人，能有机会用税收数据为经济社会发展"加力"，与有荣焉。

（《中国税务报》2020年12月28日 B1版）

读书之乐

2020年，是百年大变局里一个特殊的年份，我国开始构建双循环发展格局，讲双循环的一类书也应运而生。我最早读到的一本是《国内大循环——经济发展新战略与政策选择》，这是中国人民大学教授贾根良的著作。遗憾的是，这本书的一些观点，我并不是很认同。今年9月，我读到一本新出版的《国内大循环——中国经济发展新格局》，由中央党校马克思主义学院院长张占斌主编，作者包括何毅亭、黄群慧、黄奇帆、张军、刘元春等39位经济学家。这本《国内大循环——中国经济发展新格局》从不同角度介绍了构建新发展格局的内涵，分析了发展环境新变化，提出了新形势下内需战略，是一本不错的学习双循环新发展格局的参考书。

2020年，还是深圳经济特区建立40周年。研究深圳的发展历史，对于双循环下的政策选择也是有意义的。我读了两本同名的书：一本是曾任深圳市副市长的张思平的著作《深圳奇迹：深圳与中国改革开放四十年》，另一本是复旦大学经济学院院长张军教授主编的书《深圳奇迹》。张思平的书，是从政府体制机制改革角度出发，揭示深圳市委、市政府是如何通过系统改革，坚持市场化、国际化，让市场在资源配置中起决定性作用，更好地发挥政府作用，一步步推动深圳持续完成产业升级的历程。张军教授的这本书，则从经济发展的不同视角，包括经济地理学视角、土地改革视角、财税发展视角、行业发展视角等不同的侧面分析深圳是如何实现从边陲小镇到国际化大都市的蜕变的。

这一类书，对比着来读，会让观察的角度更立体、思考的层次更丰富，对于廓清社会历史发展道路、把握经济社会运行规律更有帮助。而在此基础上，把别人的思想变成自己的理解，还不能光"坐而论"，尚需"起而行"。深圳四十年的发展分析，目前有从政府体制改革角度出发的，有从发展经济学角度出发的，但还没有专门从税收制度实践角度去分析和探讨的，所以我又着手写了《深圳奇迹的税收制度实践》一文，作为我读书的延展思考。

读书是很个人的事情，读书的目的和方法其实都是因人而异。从内心安静出发，我还喜欢重复读老庄。老子的缜密、智慧和厚实，庄子的浪漫、瑰丽和飘逸，读之让人省思，促人觉察，使人喜悦，给了我许多读经典之乐。根据林迪效应，有价值的东西，未来会越来越有价值。经典的书就是具有反脆弱性的，已经流传了十年的书会再流传十年，已经流传了千年的书会再流传千年。所以要我说"读书的态度"，我认为在阅读有利于提高专业技能的书籍之外，经典图书应该是我们反复去阅读的书。

（《中国税务报》2020年12月30日 B4版）

感悟国学之美 收获豁达人生

　　国学是中华民族千百年来智慧的源泉，其格局之美、情怀之美、意蕴之美，千古流传。日前，第五批全国税务领军人才学员齐聚南开大学，参加了为期两周的国学素养专题培训。

　　从先秦诸子到诗词歌赋，从历史文化到哲学智慧，南开大学导师们悉心指导学员认真品读、用心赏鉴，让学员们从内心深处体会到了国学的博大、深邃与温润。

一、读诸子百家，学古人智慧

　　先秦诸子之学是中华文明的宝贵财富。在培训中，张峰屹教授向学员们讲授了儒家经典《大学》，详细解读了儒家修身养性的基本路径——"物格而后知至，知至而后意诚，意诚而后心正，心正而后身修，身修而后家齐，家齐而后国治，国治而后天下平"。通过他的讲解，不少学员体会到了儒家先贤们追求本于仁、立于礼、成于乐的人生境界，懂得了"修身、齐家、治国、平天下"的真谛。

　　冯大建教授带领学员们品读庄子，引发学员们"万物一齐，道无终始"的无限遐思。庄子在《齐物论》中写道："天地与我并生，而万物与我为一。"告诉世人，一切事物本质上都是浑然一体的，因此要用辩证的、发展的眼光看待事物。在名作《逍遥游》中，庄子描绘了一幅"鹏程万里，扶摇直上"的磅礴画卷，论证了一种超越时空限制的绝对自由，以此启示人们，在风云变幻的现实世界中，不能总是依赖客观条件，而应从主观上加强思想人格的修养，让自己臻于"无己、无功、无名"的思想境界。学员们纷纷表示，通过学习庄子，自己更好地树立了辩证思维，将在工作中更积极地发挥主观能动性，不断涵养"淡泊明志、宁静致远"的心态。

二、赏书画艺术，增益然志趣

除了诸子百家，本次培训还包括书画艺术。在"中国书法艺术评介"课堂上，学员们领略了甲、金、篆、隶、楷、行、草的巧夺天工，感受楷书四大家"欧颜柳赵"作品的绚彩多姿，欣赏《兰亭序》《祭侄文稿》《寒食帖》的大家典范。温醇沉毅、历落秀颖、纵横开阖、质文并蓄——书法之美，美于力度、美于雅正、美于灵动、美于中和，更美归自然。不少学员感悟到，应当不断追求文化大美之底蕴，坚持"敏而好学"，持续增强本领和技能，践行使命担当。

吴立行老师为学员们讲解了"中国绘画艺术评介"课程，让大家走进了一个别开生面的艺术世界。学员们通过构图、线条、笔墨、色彩、创意以及视觉审美，与古人跨越时空对话交流，在享受艺术之美的同时，感受画家借物写心、超然于物、怡然自得的心灵世界。吴老师讲解的"三远"绘画构图技法，更是引发了不少学员的深刻感悟："高远"讲究自山下而仰山巅，把自己放在低处，谦卑才能看得更真切；"深远"讲究自山前而窥山后，在丘丘壑壑中体现由表及里的深邃；"平远"讲究自近山而望远山，在前后左右的辽阔景色中体现全局思维。通过"三远"的组合运用，能够展现出丰富多彩的艺术魅力——绘画如此，做人亦然。

三、学诗词歌赋，悟诗心人生

诗词歌赋是中国传统文化的瑰宝，也是国学的重要组成部分，本次培训自然少不了相关内容。张静老师为学员们讲授"古典诗词中的品格与修养"，告诉大家品鉴诗歌需要"境界、灵心、功夫"，既要学会品读诗情、诗妙、诗趣、诗味，更要学会体悟那一颗颗诗心，与古人的生命情感发生碰撞，进而提升自己的修为。

这番讲述让学员们明白，读诗的目的在于培养高洁的志趣，感悟生命的澄澈。因此，不仅要从字面上解读诗歌，更要学会与诗人对话，在领略古典诗词的博大精深的同时，体会穿越千年的心意相通，品察生命的本真况味，实现精神人格的升华。

在此次培训中，诸子百家、书法绘画、诗词歌赋和文学考古等国粹经典均有涉及。学员们共享知识盛宴，修身养性，陶冶高尚情操，收获了知识的宝藏、智慧的顿悟以及人生境界的豁然开朗。

（《中国税务报》2019年3月4日B4版）

南开大学允公允能
领军学子日新月异

——第五批领军学员南开国学培训之所得

2018年11月18日—12月1日，第五批领军学员汇聚在渤海之滨的联大名校南开大学，浸润在允公允能、日新月异的氛围之中，开启了两周的国学文化之旅。在此期间，启蒙式地修读了南开大学文学院一些主要的学科，包括前秦子学、史官文化、诗词歌赋、书法绘画、现代文学、戏剧、美食、非遗考古等门类的课程。

在这两周里，我们怀揣赤子之心，幸得名师指点，跨越历史文化，贯穿经史子集，开启了国学经典之旅，循着中华文明的发展源流拾级而上，走近先哲，体悟国学。

在这两周里，我们漫步在马蹄湖边，徜徉在知识的海洋里，博学之，审问之，明辨之，感受之，触碰之，所学所思，所念所想，或有所得。

一是，联大名校，家国情怀，耳濡目染，薪火相传，精神感召之得

西南联大联合校长梅贻琦有云："所谓大学者，非谓有大楼之谓也，有大师之谓也。"第五批领军学员在南开大学所住的爱大会馆，就与大师为邻，正门口右手边就是数学大师陈省身故居，陈省身故居之旁就是叶嘉莹先生的教学、研究和生活之所迦陵学舍。叶先生已经94岁高龄，却诗心不老，诲人不倦，重返故国四十余年，历经艰辛，千金散尽，只为光耀我中华传统文化。大中路上，有南开校钟，校钟乃青铜所铸。在1937年7

月底，那个民族危难之际，南开大学与此校钟，尽毁于日寇炮火之下，如今重塑，巍巍然警钟长鸣。大中路尽头，更有一座血汗和历史之丰碑：国立西南联合大学纪念碑。正如王国维所言，"一切景语皆情语"，在此期间，我们夜读西南联大行思录，晨谈南渡北归抗战史，家国情怀，耳濡目染，薪火相传，此地、此情、此景，此中艰辛、此中坚持、此中璀璨，刚毅卓绝，心灵之触动，精神之感召，乃大收获也。

二是，诸子百家，诗词歌赋，美学生活，兼容并蓄，共情爱人之得

两周的课程，时间看似不长，然诸子百家、诗词歌赋、书法绘画、文学考古、国粹美食皆有涉及，不一而足。如此安排，既让我们共享了知识的盛宴，更让我们体会到修身悟道之苦心。修身者，一则曰善，一则曰美。所谓善者，仁也，共情之爱人也。所谓美者，情飞扬、志高昂、人灵秀者也。悟道者，通达明透，洒脱自在，不以物喜，不以己悲，或择善固执，或般若舍得，不为外间之纷扰所动，只听内心之声音而行者也。儒道看似泾渭分明，实则殊途同归，所思所论，皆为悬壶济世之良方，实乃拯救礼乐崩坏社会之智慧，匡复尧舜周公良治之大爱者也。美学者，美食也，美剧也，美术也，书法也，美文也，如此这般。所谓"食不厌精，脍不厌细"，除了精神食粮，我们也应有美的生活追求，其美或中和之美，或雅正之美，或遒劲之美，或清逸之美，或厚重之美，或古朴之美，或温情之美，其艺术哉，实生活矣。悟善之道，与美为伍，这正是这次培训又一大收获。

三是，授业解惑，学学相长，如切如磋，如琢如磨，激荡感发之得

先秦诸子之学，中华文明之元典，轴心文明之智慧，是中华文明对人类文明最为璀璨夺目之贡献者也，当然，也是本次培训分量最重的部分。但由于历史久远，如今阅读起来或有文字生僻，玄通微妙，艰涩难懂之感。然师者如张峰屹教授之学问，沈立岩教授之通透，冯大建教授之思辨，让我们感受到了犹如庖丁解牛之妙：手之所触，肩之所倚，足之所履，膝之所踦，砉然向然，奏刀騞然，莫不中音。其中，张峰屹教授所谓四书五经，乃五经四书者也；沈立岩教授之天子失官，学在四夷者也；冯大建教授所言，庄子之学，大哲之思，妙言至美者也，无不醍醐灌顶，如桃花源中，柳暗花明，豁然开朗。再如，张静教授之典雅，陈洪教授之侠情，陶慕宁教授之快意，李锡龙教授之洞察，等等，不一而足。11月29日，在晚上课后，我们还举行了一次领军学子颂改革的诗歌朗诵会。我们诵读着我们自己的诗，说着同事们和自己的故事，向献身改革、奉献改革的税务干部致意，致敬着我们的致敬，感动着我们的感动。课间课后，我们或三五成群，或聚集一堂，书生意气，醉心掏心，交流碰撞，歌以咏志，如切如磋，如琢如磨，让这短短的两周，除了感官上有了触动，情感上有了感动，更有了思想上激荡感发之大收获也。

巍巍中华，悠悠历史，灼灼文化。国学凝聚着先人的智慧、书写着后人的传承，南开之旅，吾辈增强文化自信，提高国学素养，发于心，启于慧，美于德，敬于业；应当识见广博，兼采并蓄，涉笔成趣，谙练世情，心境冲和；更当脚踏实地，仰望星空，把对国学的领悟写成诗歌，把对税收的热爱大声诵读，凝聚壮志，投身改革。唯有此，方能"积土成山，积水成渊"，为实现税收现代化和美丽中国梦而摩顶放踵。

殷勤问我归何处
一片莲心发华滋

——读叶嘉莹先生的《与诗书在一起》

2018年11月，我们在南开大学文学院参加培训，住在南开爱大会馆，一出门就是陈省身教授故居宁园。走过宁园，往右相邻着的一座建筑，就是"迦陵学舍"，是叶嘉莹先生在南开讲学、开会、研究之场所。我们住的房间在3楼，往窗外看，可以清楚地看到20多米处安静的迦陵学舍的内景。

第一、二批税务领军人才国学培训时，叶嘉莹先生还亲自授课，90岁高龄，一直坚持站着讲课。我们第五批培训时，叶先生已经逾94岁了，给我们上"古典诗词中的品格与修养"以及"古典诗词与现代人生"这两门课的是叶先生的学生——南开大学文学院的张静教授。正如这两门课的名称所示，我们来南开培训，主要不是学习知识，而是要提升素养，感受四书五经等中华典籍的源远流长，感受古代诗词歌赋中的才情与品格。而叶先生作为历尽世事沧桑的诗人，其本身就是这门课的题目。

培训期间，我们每天都走过南开园的马蹄湖，那是叶先生多次吟咏荷花的湖。在南开大学书店，翻看范曾的画集，读了《西南联大行思录》，还带回了叶先生的《与诗书在一起》。四年一瞬，山高水长；四年峥嵘岁月，经历了种种事情。如今，我们领军人才培训已经结束，这时才有空，静静地打开这硬皮哑光有八大山人画作一般意境封面的《与诗书在一起》，去品触那旧日的时光，去感受诗人那真挚的情怀与高洁的品格。

一、叶先生所讲之诗——以诗讲诗

《与诗书在一起》主要由两部分组成:一部分是叶先生品读的诗词,这部分共12篇,应是叶先生讲课记录整理的;另一部分则是叶先生自己的诗词,一共有60首。

品读叶先生所讲之诗,给我一个深刻的印象,或者说特点是:以诗讲诗。中国古代诗词文化,何其璀璨、何其壮观、何其丰富,但是这本书只讲了12首诗,而且只有10个作者。按叶先生自己的话说:"我亲自体会到了古典诗歌里面美好、高洁的世界……把不懂诗的人接引到里面来。岁月不居,时节如流,只有内在的精神和文化方面的美,才是永恒……""不须多,一年十二个月,每月一首好诗词,希望每个人能够从容走进古诗词的世界,那里确有让美好变得更加美好、让忧患变得可以坚持的力量"。

一个月,一首诗词。一月份是陶渊明的《咏贫士(之一)》,二月是韦庄的《思帝乡》,三月是杜甫的《房兵曹胡马》,四月是杜甫的《登岳阳楼》,五月是李商隐的《西溪》,六月是苏轼的《定风波》,七月是辛弃疾的《水龙吟》,八月是秦观的《踏莎行》,九月是李清照的《渔家傲》,十月是张惠言的《水调歌头(之一)》,十一月是王国维的《蝶恋花》,十二月是陶渊明的《形影神三首(并序)》。

十二个月,十二首诗词,陶渊明和杜甫出现了两次,而无屈原或李白。一方面,也许是叶先生觉得,要讲中国人的精神与品格,这十二首诗,这十位诗人可以作为代表了;而当我们细细往下读,其实,叶先生不只讲了这十二首诗及十位诗人,还讲到许多的诗人以及他们的诗作。我将这种品读诗歌的方式,归纳为:以诗讲诗。

(一)陶渊明与杜甫

五柳先生"采菊东篱下,悠然见南山"的诗句众人皆知,书中叶先生品读的是陶渊明的《咏贫士（其一）》：

咏贫士

陶渊明

万族各有托，孤云独无依。

暧暧空中灭，何时见馀晖。

朝霞开宿雾，众鸟相与飞。

迟迟出林翮，未夕复来归。

量力守故辙，岂不寒与饥？

知音苟不存，已矣何所悲。

这首诗以孤云、独鸟自况，象征着诗人孤独无依的处境和命运，表现出诗人守志不阿的高洁志趣。如何品读一首诗，我觉得是"仁者见仁，智者见智"的，不必整齐划一，这是诗歌品读的主观性吧，但是一首诗在那里，文字、韵律皆在，对一首诗的品读又不可是"盲人摸象"众说纷纭的，这就是读懂一首诗的客观性要求吧。主客观结合，我想，品读一首诗，有三个点。一是知其意。知道诗在讲什么，是知其意。二是感其美。一首千古流传的诗歌，总是美的，这种美或是壮丽豪迈的美，或是孤寂凄清的美，或是鲲鹏展翅的美，或是潺潺流水的美，总之，它是美的，不然就不能称之为好诗。三是共其情。用张静教授的话说是"升发"，一首诗，我们去读它，总有一些字句是引起读者情感与作者情感共鸣的，不然，我们不会去读它、去欣赏它，而如果这诗歌能够种下一个好的种子，在我们遇到困难、挫折时，能给人慰藉或力量，那么这种柔韧和坚定，不就是中华文化源源不断、历经数千年而弥新的原因吗？

在书中，叶先生品读的第一首杜甫的诗是《房兵曹胡马》：

房兵曹胡马

杜甫

胡马大宛名，锋棱瘦骨成。

竹批双耳峻，风入四蹄轻。

所向无空阔，真堪托死生。

骁腾有如此，万里可横行。

　　此诗用传神之笔描绘了一匹神清骨峻、驰骋万里的"胡马"，借此期望房兵曹为国建立功业，表达了诗人刚毅勇决的性格和驰骋风云的远大理想。全诗风格超迈遒劲，豪放乐观，状物和抒情结合得自然无间。在叶先生的品读中，首先是指出这是杜甫早期的作品，那个时候他意气风发，想要"致君尧舜上，再使风俗淳"，介绍其曾经写过一首《壮游》，写他壮年的远游，追忆他的生平。接着讲诗句的意思，"胡马大宛名"，"胡马"，是哪里产的"胡马"？是大宛产的名马。"锋棱瘦骨成"，这匹马站在那里，很矫健，筋骨都能露出来。又引用杜甫的另外一首诗"干惟画肉不画骨，忍使骅骝气凋丧"（《丹青引赠曹将军霸》），指出画马要画瘦马，瘦马才能跑得快。再接着继续讲马瘦成什么样，"竹批双耳峻"，"竹批"是指批竹筒的方法，如果我们把一个竹筒斜着批开，那样子就像马的耳朵立起来。竹子是挺拔的，"峻"是像山峰一样直立，这写得很有神气。"风入四蹄轻"，这匹马跑起来像带着风一样，这是写马的能力。"所向无空阔，真堪托死生"，这里，叶先生赞叹"真是写得好！"这是写马的德性。在这匹胡马的眼中，没有空阔之说，只要是这匹马所面向的地方，它都可以跑到。"真堪托死生"，这样的马，不但有能力，而且有德性，我可以把我的性命交托在马的身上。"所向无空阔，真堪托死生"，这两句包含着儒家的德性。孔子说"骥不称其力，称其德也"（《论语·宪问篇》），评价一匹马是不是千里马，也不是看它能不能跑千里，而是"称其德也"，这样的好马当然是"骁腾有如此，万里可横行"。

除了品读杜甫诗歌的本身外，叶先生还对陶渊明的诗和杜甫的诗进行了对比。她说，你想学作诗，学陶渊明，真的是很难。因为陶渊明不是有心去作诗，他从不雕章琢句，也没有写出诗来跟别人争强斗胜之心，他怎么想就怎么写，写的是他自己的真正感情。"渊明不为诗，写其胸中之妙尔。"（《后山诗话》）就是说，陶渊明不是有心作一首诗，而是"写其胸中之妙"。可是杜甫则不然，他是有心为诗，杜甫说"语不惊人死不休"（《江上值水如海势聊短述》），所以我们学作诗要从学杜诗入手，陶渊明的那种妙想，真的是写得很好，但是我们学作诗不能从陶渊明入手。因为你不是像陶渊明那样的天才，你没有陶渊明那样的修养，没有陶渊明那样敏锐的感受，也没有他的那种妙想。苏东坡学陶渊明的诗，"饱吃惠州饭，细和渊明诗"（黄庭坚《跋子瞻和陶诗》），可是苏东坡的诗一点儿也不像陶诗，何况一般人还没有苏东坡的才华，所以不能轻易地学陶渊明的诗。

（二）李清照与李白

渔家傲

李清照

天接云涛连晓雾，星河欲转千帆舞。仿佛梦魂归帝所，闻天语，殷勤问我归何处。

我报路长嗟日暮，学诗谩有惊人句。九万里风鹏正举。风休住，蓬舟吹取三山去！

这是一首具有特殊风格的名作。天蒙蒙，晨雾蒙蒙笼云涛。银河欲转，千帆如梭逐浪飘。梦魂仿佛回到了天庭，天帝传话善意地相邀，殷勤地问道：你可有归宿之处。我回报天帝说：路途漫长又叹日暮时不早，学作诗，枉有妙句人称道，却是空无用。长空九万里，大鹏冲天飞正高。风啊！请千万别停息，将这一叶轻舟，载着我直送往蓬莱三仙岛！

叶先生在讲这首作品时，同样是以诗讲诗。并将其与李白的"大鹏一日同风起，扶摇直上九万里。假令风歇时下来，犹能簸却沧溟水"对照着讲。她说，李清照的《渔家傲》，表现了一个才慧之人在走向人生终点时，对于生命终极意义与价值的一种究诘、反思。虽然未能达到如圣者孔子的知命与达道，也未能像陶渊明有乘化归尽的旷达，但她所表现的既不像杜甫的伤感，也不似陆游的逞气，颇具李白的健笔豪情，未落入对现实失败的考量。她是全以想象之笔，在"谩有惊人句"之后，写下"九万里风鹏正举。风休住，蓬舟吹取三山去"三句，呈现了一片鹏飞高举的气势。这种想象和理想，已然突破了现实中一切性别文化的拘束，是一种高远飞扬的超越。

品读这些文字，让我们如身临其境，就像叶先生就在我们面前，与我们娓娓道来、细细品味，让我们走进诗里，与诗人在一起，知其意、感其美、共其情。

二、叶先生所写之诗——以思言诗

在《与诗书在一起》中，收录了60首叶先生自己创作的诗词，始于1939年的《对窗前秋竹有感》，止于2014年为恭王府海棠雅集作的《绝句四首（其四）》，时间跨度长达75年，从15岁妙龄少女到90岁矍铄老人不同时期的作品记录。这期间，经历了抗战的苦难，经历了漂泊流离的困苦，经历了牢狱之灾，还有少时母丧、老时女殁的彻骨的痛。读其诗词，我实在是感佩其才思、感伤其忧思、感怀其乡思，所以我将叶先生所写之诗称为"以思言诗"。

（一）感佩其少时的才思

在书中，收录最早的诗词是写于1939年（时年15岁）的《对窗前秋竹有感》：

对窗前秋竹有感

叶嘉莹

记得年时花满庭，

枝梢时见度流萤。

而今花落萤飞尽，

忍向西风独自青。

据叶先生自述，她大约11岁时，开始跟伯父学着作诗，因为没有其他的生活体验，庭院中的景物就成了写诗的主要题材。夏天的时候，满院子都是花，常常能看见萤火虫在花的枝叶上飞过。可是到了秋天，花草全都黄落凋零了，只剩下竹子依然茂盛。"看看你所有的同伴都凋零了，你怎么忍心自己一个人还青翠依然？"这种清澈的心、细致的观察、凝练的文字，就是一首美丽的诗。

写于同年的《秋蝶》，还有写于1940年的《咏莲》《咏菊》都展现了年少之时的才情。

秋蝶

叶嘉莹

几度惊飞欲起难，

晚风翻怯舞衣单。

三秋一觉庄生梦，

满地新霜月乍寒。

一个秋天的傍晚，一只小小的白蝴蝶在院子中间地上再也飞不起来了。当时真的觉得生命是如此短促，如此脆弱。"嘉莹悯秋蝶"，这不是和"黛玉葬落花"的意境相似吗？

咏莲

叶嘉莹

植本出蓬瀛，

淤泥不染清。

如来原是幻，

何以渡苍生。

1940年，父亲已多年没有音信了，只知道父亲所在的地方国民党军队一个城一个城地陷落。人世间有这么多的战争、这么多的灾祸、这么多的苦难，我们都是在人生的苦海之中迷失了自己，不知道这苦难的一生有什么价值？什么才是我们人生的目的？

咏菊

叶嘉莹

不竞繁华日，

秋深放最迟。

群芳凋落尽，

独有傲霜枝。

1940年，家中院子的花圃里还种过许多菊花。菊花比别的花凋落得晚一点，当所有的芬芳都凋落时，菊花才显出可以经霜耐寒的特性。

一个十五六岁的少女，遭逢战乱，北平沦陷，父亲失散，在家里悲秋天之花落，悯秋蝶之易逝，叹青莲之高洁，咏菊花之耐霜，一个才思敏捷、细腻聪慧的女诗人形象初步展现。

（二）感伤其经历的忧思

叶先生曾说，我是在忧患中走过来的，诗词的研读并不是我追求的目标，而是支持我走过忧患的力量。所以在她自己的诗词中，也多处有"忧时势之多艰，伤命运之多舛"的句子。

1941年，17岁，父散母亡。

哭母诗八首（其二）

叶嘉莹

瞻依犹是旧容颜，

唤母千回总不还。

凄绝临棺无一语，

漫将修短破天悭。

时逢战乱，父亲失散，母亲早亡（殁年44岁），这是人生之痛。

1950年，26岁，夫囚女幼。

转蓬

叶嘉莹

转蓬辞故土，离乱断乡根。

已叹身无托，翻惊祸有门。

覆盆天莫问，落井世谁援。

剩抚怀中女，深宵忍泪吞。

叶嘉莹1948年跟随丈夫到台湾，1949年冬天生下大女儿，在大女儿才3个月大的时候，丈夫因"思想问题"被捕入狱。次年夏天，她自己也因"思想问题"被捕，携尚在哺乳期的女儿一同入狱。出狱后，她失去了彰化女中的教职，而丈夫仍在狱中。天地茫茫，孤立无援的叶嘉莹携带幼女无家可归，不知如何谋生，此乃人生之忧。

1976年，52岁，白发失至亲。

哭女诗十首（其一）

叶嘉莹

从来天壤有深悲，满腹酸辛说向谁。

痛哭吾儿躬自悼，一生劳瘁竟何为？

其时，叶先生已经在加拿大温哥华安定了下来，在不列颠哥伦比亚大学亚洲系有终身的教职，女儿也已长大，成家，新婚不久。然不幸的是和女婿一起双双车祸殒命，白发失亲女，命途之多舛，一生劳瘁，究竟为何，何其深悲？

（三）感怀其一生的乡思

叶先生的家学渊源、师学渊源，使得其身体中流淌着最深沉的中华文化的血液，这既是与生俱来的，也是生活中润物无声的浸润，在其一生中，经历国土沦丧、山河破碎之大变故，又历经数十载去国怀乡，如汪洋中漂泊之小舟，不知何时归航，何处靠岸，所以在叶先生的诗词中，无处不流露出对故乡、故土以及中华文化精神家园的深深牵挂与思念。

对那魂牵梦萦的北京故土之思。1948年，迁居台湾后，回望故土，不知何时归家，对北京故乡的思念无处不在。1951年作《浣溪沙》：

浣溪沙
叶嘉莹

一树猩红艳艳姿，凤凰花发最高枝，惊心节序逝如斯。

中岁心情忧患后，南台风物夏初时，昨宵明月动相思。

1967年，在哈佛大学当客座教授，作《鹧鸪天》：

鹧鸪天
叶嘉莹

寒入新霜夜夜华。艳添秋树作春花。眼前节物如相识，梦里乡关路正赊。

从去国，倍思家。归耕何地植桑麻。廿年我已飘零惯，如此生涯未有涯。

读到这些词句，可以感受到词人那对故土、故乡魂牵梦萦的深刻思念："昨宵明月动乡思""眼前节物如相识，梦里乡关路正赊""从去国，倍思家"。

对那须臾不离的中华文化之思。在书中有叶先生自己介绍生平的"写在前面的话"——《从漂泊到归来》，其中谈到她在不列颠哥伦比亚大学用英文讲授中国古诗词的感受：不管是在台湾还是大陆，我教书都可以随心所欲"跑野马"，可是现在却查着英文生字给人上课，跟在地上爬一样。我之前在北京教书算是"北海"，在台湾教书算是"南溟"，这两个用母语教书的地方我都离开了，只是为了生活不得已留在异国。

一九六八年秋留别哈佛三首（其一）
叶嘉莹

又到人间落叶时，飘飘形色我何之。

> 日归枉自悲乡远，命驾真当泣路歧。
>
> 早是神州非故土，更留弱女向天涯。
>
> 浮生可叹浮家客，却羡浮槎有定期。

"浮槎"是古人的一个传说，有一个浮槎每年来去，如期而至，而为了回到台湾，在中文环境下教书，还有陪伴留在台北的父亲，我要回去。而先生、女儿还留在美国，不知是否能够再回美国跟先生、女儿见面，更不知何时能回到故乡北京。

1974年，离别26年后，首次回国探亲，写下了1870个字的长诗《祖国行》，其中一段写道：

> 卅年离家几万里，思乡情在无时已。
>
> 一朝天外赋归来，眼流涕泪心狂喜。

1974年尚在"文革"期间，中华文化与教育遭受了巨大的破坏，但是在诗人血脉里流淌着对故土深深的思念，以及对那须臾不能离开的中华文化深深的爱恋。

三、叶先生所吟之诗——以身成诗

1976年，长女与长女婿因车祸双双殒命，给叶先生以重大的打击，正如她哭女诗中所言：我辛辛苦苦地工作，主要是为了维持我的家，各种艰辛都受过了，我的一生究竟是为了什么？经过这样大的悲痛，叶先生觉得，把一切建在小家小我之上，这不是人生的一个终极的追求。人生要有一个更广大的理想，所以她决定回国教书，要将古代诗人们的心魂、意志这些宝贵的东西传给下一代。

从这个点上，也许可以理解在其品读的12首诗词中，有唯一一首女词人李清照的《渔家傲》。李清照才慧文采过人，但也经过国破家亡、颠沛流离之坎坷命运，她既有"生当作人杰，死亦为鬼雄"的豪气，也有"凄凄惨惨戚戚"的悲情。

《渔家傲》中的"仿佛梦魂归帝所，闻天语，殷勤问我归何处"，我仿佛听见了天帝的询问，殷勤地问我人生的归宿（价值）究竟在哪里？

李清照的问答是"学诗谩有惊人句"：学作诗，枉有妙句人称道。"我的人生价值，只不过写了几句让人称赞的诗句罢了"，这是一代女词人对人生意义的最后究诘。在古代，男性的终极价值是修、齐、治、平，身后则以"立德、立功、立言"为不朽理想；而女子，则大多以持家事亲、相夫教子为人生唯一的意义，而极少有人想到一己生命的意义与价值。

显然，叶先生在用李清照这首词，来回答自己的人生选择。自1979年回国，在南开大学任教以来，已经长达42年。她在南开成立中华古典文化研究所，并亲任所长，海外募捐建起了"迦陵学舍"，将个人所有财产全部捐献给南开，设立奖学金，以她的名义设立"迦陵杯·诗教中国"诗词讲解大赛，推广中国诗词文化。正如国际儒学联合会会长刘延东2021年7月7日，到南开大学看望叶先生，并提前祝贺叶先生97岁寿辰时所说："叶先生长期致力于古典诗词的创作、研究、传播及东西方文化的交流，为传播中国古典文学、传承中华传统文化，为展示中华文化持久魅力、推动中华文化走出去做出了卓越贡献。叶先生勇敢面对岁月磨难，始终坚守初心，为人们展现了中华诗词真善美的人性光辉，诠释了'弱德'之美的至高境界。"

叶先生在2001年曾经写了一首词：

浣溪沙·为南开马蹄湖荷花作

叶嘉莹

又到长空过雁时，云天字字写相思。荷花凋尽我来迟。

莲实有心应不死，人生易老梦偏痴。千春犹待发华滋。

中国的古诗词中，常用雁排成"人"字来表达对人的思念，而这种思念不应是小我的、私人的那一点感情，而应该是对国家、文化更博大的情谊。我知道我虽然老了，但对我的理想、感情还是有痴心。我相信只要有种子，不管是百年千年，我们的中华文化、我们的诗词一定会开出花结出果来的。

我理解，这首词，就是叶先生对李清照提出的人生终极价值的回答：殷勤问我归何处，一片莲心发华滋。

（2021年11月22日）

见素抱朴

——读《老子与哲学》笔记之一

一、我和《道德经》之缘分

夏海先生在《老子与哲学》中引述，德国哲学家尼采认为《老子》"像一个永不枯竭的井泉，满载宝藏，放下汲桶，唾手可得"。黑格尔在《历史哲学》中指出："道为天地之本，万物之源，中国人把认识道的各种形式看作是最高学术……老子的著作，尤其是他的《道德经》，最受世人崇仰。"英国经济学家哈耶克认为，"我无为而民自化，我好静而民自正"，就是其自发秩序理论的经典表述。

对于人类文明而言，老子是中国唯一一位能够与古希腊哲学比肩的思想家，尤其是辩证法思想，对世界建立辩证思维体系有着重要影响。德国哲学家莱布尼茨指出："中国人太伟大了，我要给太极阴阳八卦起一个西洋名字'辩证法'。"据说，在天才物理学家爱因斯坦家里的书架上发现了一本已经被翻烂的德文版《老子》……

我不知道爱因斯坦的书架上有没有一本被翻烂的《老子》，但在我的书桌上确实有一本被翻烂的《道德经》。

我并没有像夏海先生那样，在研究国学、研究《老子》。我和《道德经》的缘分只是平时写毛笔字，不时会临赵孟頫抄写的《道德经》，如果一个月临写一遍的话，七八年来，起码也全文抄写过五十遍以上了吧。换而言之,《道德经》这本书,我读过了许多许多遍,以致被翻烂了,这也是我读过次数最多的书了。

二、夏海先生笔下的《老子》

"生活脚步匆匆,世事万象纷繁。在月明星稀的夜晚,伴随温暖如染的灯光,细细品读《老子》一书,认真寻觅老子思想的宝藏,诚如同一位睿智的老人对话,真是一种无上的精神享受,让人的心灵回归宁静和美好。品读《老子》,似乎站在世人的肩膀,让你从高处往下观望,擦亮双眼,超越世俗,则有心旷神怡,宠辱偕忘,把酒临风,其喜洋洋者矣;思接千载,视通万里,犹如神游在思辨王国,自由自在地沐浴着思维的阳光。"

品读《老子》,似乎在聆听大师的教海,世事沧桑、人生百态尽收眼底;悲欢离合,阴晴圆缺涌上心头,在大师的点拨下一一化解,步步登高,逐渐进入了化境。品读《老子》,似乎在打开一幅历史长卷,既有秦汉的冷风、唐宋的乐舞、明清的悲歌,又有孔子的儒雅、庄子的洒脱、陶渊明的隐逸、李白的豪迈、岳飞的壮怀。在长卷背后,好像看到老子在频频颔首。品读《老子》,似乎在拥抱整个宇宙,观沧海,望星空,日月星辰、四季运行,黄山黄石、长江恒河,明月清风、杏花春雨,金戈铁马、大江东去,沧海横流、桑田变动,暗香浮动、残荷冷菊。面对浩瀚的宇宙、风云的历史、纷乱的社会、清冷的人生,仿佛听到老子在轻声地对我们说:"这就是道!"

三、我对《道德经》的碎片式认识

我抄写《道德经》，只是在练字，是在模仿赵孟頫的字形，而不是研读《道德经》的内容。虽然如此，但毕竟抄写过许许多多遍吧，所以一些我特别喜欢的还是能背下来。比如第八章的《上善若水》："上善若水，水善利万物而不争，处众人之所恶，故几于道。居善地，心善渊，与善仁，言善信，政善治，事善能，动善时。夫唯不争，故无尤。"

对于一些精妙的比喻也记住了，而且也会经常用，比如说"能婴儿乎"，"比于赤子"。一些做人的道理也懂得，并能践行之。比如说"方而不割，廉而不刿，直而不肆，光而不耀"（为人方正，但不生硬；为人有棱角，但不伤害人；为人率直，但不可放肆；有了成绩光芒，但保持温润低调，决不放耀显摆，去刺了别人的眼）。还比如，知道了"柔弱胜刚强"。我们分局大厅今年成功创建了"国家级巾帼文明岗"，深圳国税就我们一家，而且，我们还作为全广东省110家国家级巾帼文明单位中的唯一代表，在今年4月22日，到北京京西宾馆参加了全国的颁奖会。我们创岗的logo是，水蓝色大海环抱着一颗晶莹的水滴，这颗晶莹的水滴是一个美丽的女性侧脸。我们的创岗口号是，"一点一滴写人生，一言一行树形象"。因为，我知道"天下莫柔弱于水"，但"攻坚强者，莫之能胜"。

这些都是我在读夏海《老子与哲学》之前，对道德经的认识，是碎片的，不成体系的，没有系统的。

10月13日，国家税务总局党组副书记、副局长王秦丰在总局党校秋季开班课上，给我们上了一堂税务干部应该如何学习中华传统文化的课，根据之前的碎片认识和听课体会，我撰写拙文《学习中华传统文化 呵护我们的精神家园》，将自己之前浅浅的、零碎的认识做了记录。刚好可以作为学习《老子与哲学》这本书之前，对自己认识水平的一个参照。

四、夏海先生对《老子》的系统性分类之见素抱朴

这两天，读了《老子与哲学》的部分章节，我对《道德经》的认识加深了，主要体现在以下几点：

（一）初步建立了系统性认识

夏海先生把《老子》划分为本体哲学、政治哲学和人生哲学。而且分别用一个词来高度概括这三个哲学的核心内涵：《老子》的本体哲学是"道法自然"，政治哲学是"无为而治"，人生哲学是"见素抱朴"。这种划分，像在茫茫大海上竖立了灯塔一样，给我们以清醒的航标。这是全局性的解构和重新建构，是总体上的分类，使全书结构化，又形成了完整的整体。

在全书的每一章里，同样进行这样逻辑严密、章法工整的建构性分类。比如在《老子之思想：博大精深》一章中，就进行了这样的分类。

> 道的本体论，这是老子思想最贵重的宝藏。
> 有与无的辩证法，这是老子思想最闪亮的宝藏。
> 理性直觉的认识论，这是老子思想重要的宝藏。
> 无为而治的政治观，这是老子思想富集的宝藏。
> 见素抱朴的人生哲学，这是老子思想有益的宝藏。

《老子与哲学》全书，以及每一章中的内容都体现了这种整体性、关联性、结构性和对称性，让我们从对个别词句的碎片认识，提升到系统性认识。

（二）明显加深了内涵性认识

在读《老子与哲学》之前，我对一些概念是有所了解，虽然不一定很精准，比如"水""婴儿""赤子"等。但同时，我对更多的概念是模糊的，比如"重为轻根，静为躁君"（意思是，稳重是轻浮的根基，安静是躁动的主宰，之前我一直不明白这句话的意思），还有许多的词句是只认其字、不明其义的，或者不能准确地理解其内涵的。

通过学习夏海先生的《老子与哲学》认识或加深理解了许多新的概念。比如见素抱朴，素是未经染色的丝，朴是未经雕琢的原木。老子认为，人的本性是朴素自然的，不要矫揉造作，不要被名利所诱惑。"赤子""婴儿"是生命的开始阶段，是未经外界影响的，所以是天真无邪的，是在柔弱中充满生机和活力的。人不仅有生理生命，而且有精神生命。人之所以能从自然界中分离出来，是因为人有心灵和情感；之所以能从动物分离开来，是因为在精神上能够返璞归真，复归于婴儿的。虽然生命的成长是一个远离婴儿的过程，但精神上却可以不脱离婴儿本性。保持婴儿的纯净，保持婴儿的柔弱。人如果在精神上复归于婴儿，那就可能实现生命的超越，即个体生命虽然会消亡，但个体生命建立起的事业、提出的思想、创造的作品不会随之消亡，有的甚至会流芳百世，实现"死而不亡者寿"。

（三）全新开启了评析性认识

夏海先生在《老子与哲学》一书中，除了用博大精深、高山仰止、日月同辉等壮美的词形容和赞美老子及其思想外，特别让人感到真诚的是，他并没有回避，两千多年来，历史上对老子有不同的评价。比如，关于老子思想的愚民意识，宋儒程颐将秦朝的暴政与老子思想联系起来，认为老子之学"大意在愚其民而自智"。又如，关于老子思想的权术阴谋。这也是老子思想常被诟病的另一个重要原因。宋儒朱熹就说："老子心最毒，其所以不与人争者，乃所以深争之也。"还比如，关于老子思想的消极因素，等等。

又如，有现代人，引用"以道治国，崇本以息末，以正治国，立辟以攻末"（辟指法律），认为老子不懂依法治国，等等。

从以上引述，我注意到，批判老子最严厉的是程朱理学的代表人物程颐、朱熹。程朱理学主张"理"是宇宙万物的起源，理是教化，是秩序，是约束。而老子认为"道生万物"，主张无为、弃智和自然。理念可以说是完全相反。真可谓是"道不同不相为谋"。

如何看待这些不同看法呢？我特别喜欢和欣赏夏海先生所说的"在评析老子思想的过程中，我们将始终坚持'了解之同情'（陈寅恪语）"。

这句话，和我特别喜欢的黄仁宇先生的一句话"对历史要抱有温情感"，是异曲同工的。

夏海先生引用曾国藩诗云"左列钟铭右谤书，人间随处有乘除。低头一拜屠羊说，万事浮云过太虚"。说明，无论什么人什么事，尤其是成功的人和事，都会有毁有誉，有荣有辱，不必过于较真。人们对老子思想的正面评论，一般比较好理解和接受，但如何看待负面的批评批判意见，却需要理性和理智。老子生活在2 500年前，不管多么睿智和聪慧，也摆脱不了时代的局限，其思想必定有不完善和不成熟的地方。

夏海先生在《老子之评析：诚惶诚恐》一章中最后一句说："我们是冒冒失失踏进评析之路，又跌跌撞撞走出评析之路，无论路途是平坦还是曲折，我们都对老子及其思想永远怀抱景仰之心。"

是为斯记。10月15日，并手书"见素抱朴"横幅一张，以作存念。

（2017年10月15日夜里书于扬州税院5号楼宿舍）

功成弗居

——读《老子与哲学》笔记之二

上一篇《见素抱朴》中，提到儒家特别是朱熹为代表的程朱理学，对老子进行了全面的批评，这种批评包括批评老子自私，批评老子懒惰，批评老子不负责任，批评老子无情冷血，批评阴谋权术。这种批评已经达到了颠倒黑白、人身攻击的地步，全然不顾孔子曾经问道于老子的事实，将儒家和道家完全划分界限，泾渭分明。但应该指出，宋代出现质疑经典和大师的学术潮流，怀疑经典和寻找问题是时髦也是进步，宋人同时也在质疑和批评儒家。

林语堂指出："道家及儒家是中国人灵魂的两面。"老子是大哲学家，是智慧大师，他超凡脱俗，大智若愚，微妙玄通，具有隐士风度；学老子，读《老子》可以获取智慧灵感。孔子是大教育家，是道德大师，他入世进取，学而不厌，诲人不倦，具有阳刚之气；学孔子，读《论语》可以提升道德境界。

道家是天道，儒家是人道。存在着三大差异，首先是道与仁的差异，其次是无为与有为的差异，再次是圣人与君子的差异。

今天中央党校董振华教授，给我们上了一堂马克思主义哲学的课——"掌握科学的思想方法和科学的工作方法"。

主要是三段论：这个世界是什么（实然世界），理想的世界是什么（理想世界，价值理性），如何达到理想的世界（工具理性）。

下面，我试图用这个三段论，分析一下老子和孔子的异同。

一、春秋末期的社会现实

孔子生于公元前551年，老子长孔子二十余岁，他们生活在一个大动乱、大变革的时代。社会形态由奴隶制向封建制转变，政治体制由君主、贵族等级分封制走向君主专制、中央集权和官僚体制，全国局势由分裂趋于统一，华夏民族与周边族群以政治认同和文化认同为纽带日趋融合。这又是一个流弊横行、礼乐崩坏的年代。西周灭亡，都城东迁；诸侯争霸，战乱频仍；纲纪解纽，弑君杀父，内乱不止。旧的政治秩序瓦解，思想价值混乱，百姓朝不保夕。

二、老子和孔子的社会理想

基于这样的社会现实，老子主张，让混乱的世界复归于宁静，让污秽的人性复归于婴儿，见素抱朴，少私寡欲，鼓励人们追求上善若水、虚怀若谷的美德，统治者（君王）要减轻百姓负担，让老百姓休养生息、顺道而为，这就是无为而治。

基于同样的社会现实，孔子主张，修明政治（政者，正也，子帅以正，孰敢不正），施以仁政（仁者爱人），教化正名（君君、臣臣、父父、子子），恢复崩坏的社会秩序。

从这点来看，老子和孔子，作为中华民族最伟大的思想家和道德家，他们是有着共同的"真"（对现实世界的判断）和共同的"善"（改变崩坏的社会，建设美好的世界，实现天下太平、百姓安居乐业）。换句话说，老子和孔子是有共同的价值理性的。

他们都想改善现实的社会而建立理想的社会，但理念和方法是有差异的，也就是工具理性不同。而我们应该取长补短。

三、如何更好达至这个理想

老子思想表面是无为，是柔弱虚静，谦退避世，实质却是入世的，这和孔子有异曲同工之妙。无为不是目的，只不过是实现目标的行为。"我无为而民自化，我好静而民自正，我无事而民自富，我无欲而民自朴。"无为不是无所作为，而是效法天道，顺应自然，反对妄为和勉强，从而实现民化、民正、民富、民朴的治世目的。治国是必须的，只不过治理大的国家和烹食小鲜是一个道理，不要经常去打扰它、搅动它，"治大国若烹小鲜"。

孔子则毫不掩饰自己的入世精神和为政欲望，"如有用我者，吾其为东周乎！"意思是，如果有人用我，我就要在东方复兴周礼啊。在孔子看来，社会之所以动乱无序，是因为乱了名分，所以要正名，"君君、臣臣、父父、子子"，以建立等级、角色清晰的社会秩序。孔子认为，要修明政治，统治者必须做到身正。孔子认为要修明政治，必须推行德治。孔子认为，要修明政治，必须重视民生和教育。

工具理性不同，价值理性相近，这就是道和儒，殊途同归的价值理想吧。

四、我们个人的价值取向：功成弗居

作为领军学员，作为分局领导，我们以什么样的态度对待工作、对待上级、对待同事、对待纳税人以及对待自己，这是我经常思考的问题。

（一）以儒家进取之心做事

儒家的基本特征是刚健进取、积极入世。儒家直面现实社会，力求探索一条改造客观世界的道路。

牢记坚守使命的初心。为国聚财，为民收税，就是我们税务部门的初心。我们分局的基本特点是"两远两多"，一是离市区远，二是离领导远；同时，总体管户多，人均管户更多，我们大厅的人均工作量是全市平均值的1.8倍，管理科人均工作量是全市平均值的2倍以上。我们的公务员人数已经变成49人，而管户已超过10万户。其中，包含2.5万户增值税一般纳税人的管理服务工作。工作繁重，风险管理和纳税服务压力巨大，但我们要始终坚守使命，保持初心，依法征税，强化管理，优化服务，切实履行好工作职责。

立下知难而进的决心。"事非经历不知难"，正因为难，我们更应该攻坚克难，去年的营改增税制转换，金税三期上线，难打的仗一场接一场。最后，我们以必胜的决心克服困难，完成了事关全局的重大工作任务。今后的道路，也不会一马平川，但只要我们做好准备，下定知难而进的决心，没有什么困难是克服不了的。

胸怀追求卓越的雄心。作为分局长，参加领军人才考试选拔，我肩上有沉甸甸的责任和压力。但从另一个角度看，我实际上在担任着分局年轻人导师的角色，分局50%的公务员是近三年才进来的，他们年轻而富有朝气，但是经验、能力、眼界以及抗压力都有待在学习和实践中提升。我通过自我加压，参加总局领军人才选拔考试，希望通过领军人才的四年培养，追求卓越，提升工作站位和工作能力，实际上为分局年轻人的能力提升拓展了空间。

保持久久为功的恒心。长达四年的领军培养期不是一时之功，而即使四年的培养结束了，还要回答王军局长的"领军三问"："请大家扪心自问，我今天真的可以结业了吗？请大家反躬自省，我已经为明天准备好了吗？

请大家望远深思，我能用一生扛起领军这份责任吗？"要回答这三个问题，不是用语言或者文字，而是要用整个职业生涯的责任和担当，所以一定要保持久久为功的恒心。

（二）以道家虚静之心对己

"学史可以看成败、鉴得失、知兴替。"纵观中华民族伟大历史，天纵英才式的英雄将相，不时涌现，他们成了中华民族天空中一颗颗闪烁明亮的星星，成就大业不易，功成名就后如何对待功名可能更难，通过重温他们的成败得失，带给了我们深深的反思和启示。

正考父三命兹益恭之智慧。正考父，是春秋时宋国的上卿，孔子的远祖，曾辅佐戴、武、宣三公，恭俭从政，且地位愈高行为愈检点。他曾经三次被国君任命为上卿，每一次都是诚惶诚恐。"一命而偻，再命而伛，三命而俯。循墙而走，亦莫余敢侮。饘于是，粥于是，以糊余口。"意思是，第一次我是弯腰受命，第二次我是鞠躬受命，第三次我是俯下身子受命。平时我总是顺着墙根儿走路，生怕别人说我傲慢。尽管是这样，但也没有人看不起我或胆敢欺侮我。不论是煮稠粥还是熬稀粥，我都是在这一个鼎里，只要能糊口度日就满足了。正考父作为几朝元老，帝室之胄，博学多才，文武兼备，德高望重，深受宋国几代国君倚重。他官拜上卿，却是个谦谦君子，为人处世甚是恭谨低调，平和有加，俭朴至极。正考父终身守节不移，官品、人品均堪称高洁。也许正因为先祖有这样的智慧，后人中才出现了孔子这样的大圣人。

淮阴侯高功而灭族之悲剧。韩信功高盖世，垓下之役，全歼项羽，成就高祖帝业。刘邦封他"三齐王""三不死"，与天王齐，与地王齐，与君王齐，见天不死，见地不死，见君不死，天下没有捆绑他的绳子，没有杀害他的刀具。"顶天立地于汉土，绝不加兵刃于汝身。"韩信具有盖世之功，有定乾坤之力，有"三不死"和"三齐王"之封号，最后，却被吕后设计，悬吊于黑暗的大钟之内，既不可见天，也不可立地，虽没有绳索捆绑，也无兵刃相加，却在黑暗之中被棍棒竹戟所杀，且被夷灭三族，让人何其感叹，教训何其深刻。

老聃功成而弗居之境界。如果说，正考父谦卑平和节俭是智慧，淮阴侯功高盖世被夷族是悲剧，那么看看老子，那就是一种境界。"万物作焉而不辞。生而不有，为而不恃，功成而弗居。夫唯弗居，是以不去。"这话是多么深刻，功成而弗居，夫唯弗居，是以不去，又是多么富有哲理，用现在通俗的话说，立下了泽被万民的大功，但从来不认为是自己的功劳，又怎么会失去了呢？不曾居功，怎会去功。这正是我们观照内心，应该学习的基本价值。

（三）以儒道共情之心爱人

儒和道，虽然有巨大的分野，理念和方法是背道而驰的，但他们的根本目标是有一致性的，也是有共情的，那就是爱人。

善待同事。"仁者爱人"。首先是关心同事们的生活。我们分局远离市区，每年都有来自五湖四海的新公务员加入我们的队伍。这些优秀的年轻人，来到深圳面临的第一个大的心理冲击就是深圳的高房价。为此，我们积极向上级和当地街道寻求支持，为新同事们安排了设施较齐全的单身宿舍，让同事们可以安心下来，全心投入工作。其次是关心同事们的学习。学习是事业发展之基，我们特别重视同事们的学习情况。10月9日，在来扬州参加培训的当天上午，我们还开展了一次2016年、2017年新入职公务员的业务测试，并根据这次业务测试成绩，结合学习能力和工作经验等因素，给新公务员调整和安排工作岗位，通过这些举措营造人人努力学习、个个力争上游的良好氛围。最后是关心同事们的成长。付出的努力从来不会白费。今年，区局干部遴选，我们分局向区局输送了2名科长和3名业务骨干，还有2名同事调往别的区局，占我们分局公务员人数的

15%，是宝安区局5个分局最多的。9月份的纳税服务大比武，我们分局有2名同事获得了深圳市纳税服务业务能手称号，占宝安区局的一半。

善待纳税人。一是要公正执法。维护税法尊严是税务干部的神圣职责，唯有严格执法，公正执法，维护和营造良好的税收秩序，才是对最大多数守法纳税人的善待。二是要优质服务。今年5月份以来，深圳市国税局推出了"打造安静工程，优化营商环境"的"五零行动"（优化纳税服务的50条行动，无打扰零接触，谐音"五零"），打造了功能齐全、高效快捷的电子税务局，尽最大可能实现了让纳税人"多走网路，少走马路"。三是要施行救济。分局在面临着巨大风险管理任务的情况下，提出了"优服务、强管理，行救济、促遵从"的工作方针，对于风控企业按照"区别对待，实事求是，依法依规，合情合理，程序正当"的方针进行处理。尤其是，越是在任务紧的时候，越要注意"行救济"。"无救济则无权利"，这是人类社会数百年来，无数试错之后得到的基本结论。因为只有制度上的救济，才可能避免主观主义，避免造成对无辜者的伤害。

善待税务干部，善待纳税人，就是善待我们税收事业。这是我们"干好税务，带好队伍"的基本要求，这也是坚持共产党人最重要的党性——实事求是——的根本要求。

是以为记。

（2017年10月25日于扬州）

学习中华传统文化
呵护我们的精神家园

——听王秦丰副局长在2017年国家税务总局
党校秋季开学典礼上的课有感

2017年10月13日，总局党组副书记王秦丰副局长（国家税务总局党校校长），在总局党校秋季开学典礼上，给我们上了一堂学习中华传统文化的课。

秦丰副局长首先论述了为什么要学习中华传统文化：从历史看，这是传承中华文明的需要；从现实看，这是呵护精神家园的需要；从个人看，这是提升人文素养的需要。

学习中华传统文化的主要目的是修身，要修身就要学习义理，学习义理就要学习经典，学习经典，就要弄懂道、仁、义、礼、智、信、孝、忠、廉、耻10个概念。重点要学习《道德经》《论语》《孟子》《大学》和《中庸》。

秦丰副局长还为我们如何学习传统文化提供了方法和路径，一是要学一点文言文知识，二是要培养文化兴趣，三是要融入日常生活，四是要循序渐进。

秦丰副局长指出，人有三种生命的存在，一是生理生命，二是心理生命（精神要求），三是伦理生命（道德要求）。

心理生命和伦理生命是物质无法满足的，这就是我们的精神家园。

家就是故乡。家的感觉是安心的、安全的、熟悉的。每逢佳节倍思亲，我们在孤独的时候，都想回家。家里可以享受亲情、爱情，有父母对我们的爱，有我们对父母、子女的爱。

精神家园就是我们心理上的家，我们每个人都要呵护家庭，呵护我们的精神家园。中华文化，就是我们精神上的家园。

听了秦丰副局长的课，我深有共鸣，我本人就喜欢我们的传统文化，我喜欢《道德经》的智慧，喜欢《庄子》的豁达。我还特别欣赏和喜爱王阳明的"知行合一"。而且关于知和行，是先有知，还是先有行，做过探究。

知与行的关系，我欣赏范曾的这句话：知先于行，其行必躓，行先于知，其知必深。

知行合一，其实，不能做到的，不能说自己知道。传统文化实际是我们的文化基因，融进了我们的血液。

我在分局开会时，甚至讲党课，不时会引用《道德经》上的话，比如"上善若水"，比如"方而不割，廉而不刿，直而不肆，光而不耀""大象无形、大音希声"，虽然同事们可能不知道这些话语的出处，但是，它们已经成为我们为人处世的内在规范或者风范，一说出来，大家都是理解并容易接受的。

我还会经常引用"能婴儿乎""能赤子乎"。婴儿是最柔弱的，而其实我们知道，婴儿未来的生命长度是要比成年人长的。这只是一个意思，或者是本意。还有一个引申的意思是，"赤子"是最真实的，毫不保留地托付的，看似不设防的，跟所谓的成年人的行为方式（藏有心机的）不同，会没有安全感。但实际上，真挚的东西，才是最可持久和长存的。

我还尝试去解释"仁者寿"，这是《礼记·中庸》引孔子"故大德……必得其寿"的一句话。我想借用秦丰副局长讲的生命的三种存在状态来回答这个问题。

其实，现实生活中，做好事的并非个个都长寿。难道这句话错了吗？

我想，我们的生命存在，有生理生命的存在，还有精神生命的存在，一个帮助过别人的人、做过很多好事的人，哪怕他的生理生命并没有足够的长度，但他的精神生命是一直活着的。古代的圣贤、近代的烈士，我们的祖父辈、抚育帮助过我们的人，他们都以另一种形式存在着。这难道不是一种"寿"吗？

在分局的工作十分繁忙，来找我的同事，都是有问题需要解决，或者思想需要引导和开解，或者碰到了困难需要调配资源加以解决。用一句通俗的话来说，我的状态，实际上是在不断地往外输出能量。无论是营改增，还是"金三"，同事们可以有畏难情绪，但到我这里就必须止住了。

苏东坡有文章云"天下有大勇者，卒然临之而不惊，无故加之而不怒"。

这个大勇，就是今天早上秦丰副局长所讲的君子之勇，"勇者无惧"。这个勇不是匹夫之勇，不是鲁莽，而是智慧，是修行。

这个君子之勇，就需要我们从传统中汲取养分、吸取力量。

所谓戒定慧，"每临大事有静气"。安静才是力量的重要来源啊！

所以我有时并不喜欢热闹，热闹会散发能量，而只有安静才能积蓄能量。当我被杂务困扰，无法安静时，我会创造条件，暂时离开一会儿，在书桌旁写写毛笔字。当墨随笔尖在纸上舞动流淌时，内心就会马上安静下来。

当然，体育运动也是恢复力量的重要方式。

写字时的静里是有动的，那是内心的动。体育比赛时，看似激烈的活动，其实越是关键时刻，我的内心越是安静的。

毛笔是最柔软的，而最柔软的毛，却可以书写出最刚劲的字，这就是中华文化的智慧，也是我们生命中力量的重要源泉。

学习中华传统文化，就是在呵护我们的精神家园、保护我们的力量来源。

（2017年10月13日）

后记 |

　　本书收录了本人公开发表的一些学术期刊论文、税收经济评论文章以及部分税收文化散文。最早的一篇学术期刊论文是本人2006年在《涉外税务》上发表的《中国增值税征收率的测算、影响因素及对策》，最近的一篇报刊文章是2024年2月23日，在《21世纪经济报道》上写的经济评论文章《符合新质生产力发展要求的税收实践》，这两篇文章的时间跨度接近20年。深圳的发展日日新，又日新，这20多年间，在前一个20年发展的基础上，又发生了巨大的变化，成为中国科创企业发展最具代表性的城市，华为、中兴通讯、腾讯、迈瑞、大疆、比亚迪均出于此，在"两个大局"下，在中美贸易战、科技战中，发挥出了更加有力且重要的作用。本书的主要研究对象正是深圳的经济社会发展，可谓是把论文写在祖国的大地上。

　　最近，华为公司监事会主席郭平在其新书《常变与长青：通过变革构建华为组织级能力》一书的后记中有一句话："华为全体管理者和员工有一个共识：唯一不变的是变化。"我想，这句话不但对华为人适用，本人也深以为然。我们要面对和处理的问题，始终是在动态发展变化之中的。所以，我们的研究和探索就要不断与时俱进。本书收录的文章中，就体现了这种特点。所研究探索的问题，都是某一个时期需要关注的新问题。比如本人2023年的核心期刊论文《新形势下平台企业数据信息服务涉及税费问题的调查分析》，通过对国内三个主要平台企业税费待遇异同的小切口分析，引出了数据作为生产要素，税费制度供给上如何跟上时代发展要求的大问题，并提出了具体建议。

在职业生涯的27年间，本人经历了多个工作岗位，无论是从事税收政策工作，还是作为基层的管理者，始终不变的是，积极地拥抱变化，在处理和解决具体税收问题的时候，坚持不懈地学习、观察、思考以及写作。这背后的坚持，我想就是一种文化的力量吧。"四个自信归根结底是文化自信"，中华民族伟大复兴任重道远，士不可以不弘毅。北京大学副校长、经济学院院长董志勇在北京大学经济学院2023年毕业典礼上致辞《做一个真正的士》：做一个真正的士，就要有坚守初心、直道而行的"真精神"；做一个真正的士，就要有见微知著、理性思考的"真本领"；做一个真正的士，就要有立己达人、兼济社会的"真情怀"；做一个真正的士，就要有得失不论、荣辱不惊的"真气度"。本人于2023年11月份，被聘为北京大学经济学院税务专业硕士研究生校外导师，对于这个"士"的精神，深深认同。在回顾税收助力深圳科创企业腾飞的实践时，理性的字里行间，也深藏真情，那是本人在向深圳的税务前辈们致敬，他们是我的师长，在他们身上，我看到了担当、勇气和专业。正是各行各业、各条战线的勇敢而智慧的前辈以及伙伴们的"闯"的精神、"创"的劲头和"干"的作风，才成就了深圳奇迹。

将多年的著述结集出版，缘起于女儿家家和琪琪的提议，家家对于书的封面还给出了很好的建议。此书的出版，得到了深圳出版集团领导余晓明的大力支持、《21世纪经济报道》总裁虞伟的暖心鼓励，感谢深圳出版社许全军等老师专业、认真、细致的编辑，感谢Mandy对孩子和家庭的悉心付出。感谢长达4年的税务领军培养、历练过程，本书也是"向上、向善"的税务领军精神的一个记录。

黄智文

2024年5月13日